贺州市
循环经济发展研究

HEZHOUSHI
XUNHUANJINGJIFAZHANYANJIU

广西贺州市社会科学界联合会 主编

中国出版集团

世界图书出版公司

广州·上海·西安·北京

图书在版编目（CIP）数据

贺州市循环经济发展研究 / 广西贺州市社会科学界
联合会主编． -- 广州 ： 世界图书出版广东有限公司，
2013.12
　ISBN 978-7-5100-7322-9

　Ⅰ．①贺… Ⅱ．①广… Ⅲ．①自然资源－资源经
济－区域经济发展－研究－贺州市 Ⅳ．① F126.74

中国版本图书馆 CIP 数据核字（2014）第 008148 号

贺州市循环经济发展研究

策划编辑	赵　泓
责任编辑	阮清钰
装帧设计	梁嘉欣
出版发行	世界图书出版广东有限公司
地　　址	广州市新港西路大江冲 25 号
电　　话	020-84459702
印　　刷	广州市鸿锦印刷有限公司
规　　格	787mm×1092mm　　1/16
印　　张	10.25
字　　数	135 千
版　　次	2013 年 12 月第 1 版　2013 年 12 月第 1 次印刷
ＩＳＢＮ	978-7-5100-7322-9/F·0124
定　　价	60.00 元

《贺州市循环经济发展研究》
编辑委员会

　　循环经济是一种新的经济形态和经济发展模式，是可持续发展理念的具体体现。在全球资源不断减少和环境危机日益严重的情况下，大力发展循环经济，以提高资源利用率，缓解资源短缺与环境污染压力，实现可持续发展目标已成为世界各国的普遍共识。

　　在当前挑战严峻、复杂多变的国际经济形势和经济下行压力大的国内经济形势下，地处湘、粤、桂三省区结合部的贺州市，拥有丰富的自然资源、劳动力资源和良好生态环境，大力发展循环经济，是促进产业优化升级，实现经济转型跨越的必然选择。

　　经过多年的实践与探索，贺州市循环经济发展取得了一定的成绩，但也存在诸多制约因素。探索出一条符合贺州市实际的循环经济发展路子，是值得研究的重要课题。

　　本书以贺州市循环经济发展为主线，通过借鉴国内外相关研究成果，经过大量的实地调研，对贺州市发展循环经济的战略意义、基础条件、现状及制约因素、发展模式、技术支撑体系和制度保障等方面进行了研究和探索。本书主要内容如下：

　　第一，在回顾国外循环经济的产生和发展及中国循环经济思想的产生和发展的基础上，分析循环经济的内涵、运行原则、基本特征和建设层面。

　　第二，在分析贺州市发展循环经济的战略意义的基础上，分析了贺州市发展循环经济面临的机遇及挑战。

　　第三，对贺州市发展循环经济的水电、土地、森林、矿产等资源条件，经济基础和社会基础三个方面的条件进行了分析。

第四，在分析贺州市循环工业、循环农业、循环服务业及循环社会发展现状的基础上，指出贺州市发展循环经济在经济基础、产业结构、生态环境、人才资源、社会基础等方面的制约因素。

第五，分析美国、德国、日本发展循环经济的实践及对贺州市的借鉴意义和贵阳市、贵港市发展循环经济的实践对贺州市的借鉴意义。

第六，提出贺州市发展循环经济的总目标、具体目标、基本原则和贺州市发展循环经济型企业构筑企业小循环、发展循环经济型园区构筑区域中循环及发展资源循环型社会构筑社会大循环三大发展模式。

第七，分析贺州市发展循环经济在水资源利用技术、能源节约利用技术、土地资源集约利用技术和废弃物利用技术等方面的技术支撑体系及贺州市发展循环经济在规划支持、法律保障、政策保障、组织机构、公众宣传教育机制、考核监督机制等方面的制度保障体系。

本书对贺州市发展循环经济模式及保障机制进行了有益研究探讨，希望对贺州市发展循环经济的实践工作及研究者继续探讨今后贺州市经济发展道路起到参考作用。

《贺州市循环经济发展研究》编委会

2013 年 11 月

目录 CONTENTS

目录 CONTENTS

第一章

导论

DAOLUN

一、循环经济的产生和发展

（一）国外循环经济的萌芽和发展

循环经济理念是在全球人口剧增、资源短缺、环境污染和生态蜕变的严峻形势下，人类重新认识自然界、尊重客观规律、探索新经济规律的产物。

1962 年，美国经济学家鲍尔丁在《宇宙飞船经济学》一书中，从生态经济的角度提出了循环经济的概念，他受当时发射的宇宙飞船启发来分析经济发展，认为宇宙飞船是一个孤立的独立系统，靠不断消耗自身资源存在，资源耗尽将自行毁灭，唯一延长寿命的方式是实现资源循环。鲍尔丁将地球经济系统比做太空中的一艘宇宙飞船，地球只有循环利用资源，才能得以长存，持续发展下去。鲍尔丁提出的这种新经济思想，是对传统经济学"最大限度开发自然资源"的质疑，是循环经济思想的萌芽[1]。

1970 年，美国举行"地球日"大游行，标志着人类开始高度关注环境污染问题。1972 年，罗马俱乐部发表的以丹尼斯.米都斯为主笔的《增长的极限》，首次向世界发出警告："如果让世界人口、工业化、污染、粮食生产和资源消耗方面按现在的趋势继续下去，这个行星上的增长的极限有朝一日将在今后一百年中发生。"[2]在 20 世纪 70 年代，循环经济的思想主要还是先行者的一种超前理念，并没有引起普遍的关注。同时，世界各国重点考虑的问题是污染之后如何治理的问题，即所谓的末端治理。

20 世纪 80 年代，人们对发展循环经济有了进一步的认识。在理论

1　吴季松.科学发展与中国循环经济战略 [M].北京：新华出版社，2006:71.

2　薛冰.区域循环经济发展机制研究 [D].兰州：兰州大学，2009.

研究上，人们对经济发展与环境保护的关系进行了更加深入和全面的研究。在政策上，各国环境保护逐渐由源头预防取代末端治理模式。1987年，时任挪威首相的布伦特兰夫人在《我们共同的未来》中，第一次提出可持续发展理念，并阐述了可持续发展的含义："既满足当代人的需要，又不对后代人满足其需要的能力构成危害的发展"，这个观点得到各国广泛的重视。

1992年，联合国在巴西里约热内卢召开了"环境与发展大会"，通过了《21世纪议程》、《里约热内卢环境与发展宣言》等纲领性文件，标志着循环经济实践在国际范围内展开。1994年，德国正式颁布了《物质闭合循环与废弃物管理法》，标志着"循环经济"一词在法律文本上的首次出现。该法的目的是使德国的垃圾管理应进行重新利用或用来生产能量，适应可持续发展的要求。

2000年，日本用循环型社会来表达循环经济的概念，把建立循环型社会提升为基本国策，将该年定为"循环型社会元年"，颁布实施了《循环型社会形成推动基本法》等6部法律，采取了立法、经济支持、优惠政策、建立生态工业园区、政府绿色采购、加强科学研究、加强政府管理、发挥公众和中介组织作用等一系列措施建立循环型社会[1]。

21世纪以来，循环经济作为一种着眼于解决经济增长与资源消耗、环境污染之间矛盾，促进协调可持续发展的理念得到了越来越多人的认可和赞同。

（二）中国循环经济思想的产生与发展

作为一个公认的文明古国，中国循环经济思想源远流长，在中国古代农业生产中对粪肥的利用，"桑基鱼塘"、"稻田养鱼"等古典循环经济模式，是当今循环经济思想的原始体现。由于生产力落后，物资匮

---

1 从理念到行动——日本建设循环型社会的主要做法 [BE/OL].http://finance.sina.com.cn，2005-08-31.

乏，中国民众养成了勤俭节约的传统习惯，十分重视"三废"的综合利用。但没有经过工业化洗礼的中国社会一直没有形成环境保护意识，中国的循环经济思想一直以来是以节约资源为基本出发点。到 20 世纪 70 年代初，中国还认为环境污染是资本主义社会的固有矛盾，社会主义社会国家不存在环境污染问题[1]。

1978 年改革开放以来，中国经济以年均接近 10% 的速度持续增长，但生产过程中资源和能源消耗强度大、污染物和温室气体排放强度高的重化工产品大幅度增长。

20 世纪 90 年代以来，中国工业化日益发展引起了环境的严重污染，人口增加和经济持续快速增长，资源能源供给瓶颈与环境污染的矛盾日益突出，资源供给和环境保护压力已经成为制约经济可持续发展的主要因素。此时，人们才意识到传统经济增长模式与环境的尖锐矛盾，开始探索生态环境与经济协调发展的有效途径，发展循环经济越来越受到国家和地方政府的重视。

1998 年，循环经济理念开始真正引入中国，得到了政府、企业和学术界的高度重视，并随着研究与实践的深入发展。从发展历程看，循环经济在中国可分为三个发展阶段。第一个阶段是从 1998—2000 年，这个阶段主要是理论研究阶段，高等院校和科研机构的研究学者起了思想启蒙的作用。第二个阶段是从 2001—2005 年，主要是以企业清洁生产与生态产业园区为抓手进行循环经济试验的阶段，国家环保部门起了重要的推动作用。第三个阶段是 2006 年以来，循环经济已提升成为国家战略，中国进入了从上到下体制性推动循环经济发展的阶段[2]。

从政策层面看，循环经济在中国得到了政府高层的高度重视，逐步

1　米东生 . 曲靖循环经济发展研究 [M]. 昆明：云南大学出版社，2008:6.

2　中国发展循环经济的路径选择：诸大建教授在日本东京大学的演讲 [N]. 解放日报，2007-12-02.

上升为国家发展战略。2002 年，"循环经济"一词第一次被写入《中华人民共和国清洁生产促进法》；2003 年，"循环经济"一词第一次被写进国务院《政府工作报告》；党的十六大以来，党中央提出了以人为本的科学发展观，提出大力发展循环经济、建设集约型社会理念。2005 年，国务院出台了《关于加快循环经济发展的若干意见》，提出了发展循环经济的指导思想、基本原则和主要目标；发展循环经济的重点工作和重点环节；加强对循环经济发展的宏观指导、法制建设、组织领导；加快循环经济技术开发和标准体系建设等方面的意见。2009 年，中国出台了《中华人民共和国循环经济促进法》，是针对发展循环经济较为完整的一部法律。该法律规定了一系列包括综合运用财政、税收、投资、市场准入、价格、信贷等手段在内的法律规范，为建立循环经济发展的保障和支撑体系奠定了坚实的基础。

从实践层面看，从 1999 年开始，中国在不断深化循环经济理论研究的同时，也加快了循环经济实践的步伐。国家环保总局率先在全国范围内积极推进循环经济的理论研究和实践探索。2004 年，中国循环经济发展论坛原则通过了《上海宣言》，200 多位与会者在宣言中共同呼吁，要加强对循环经济的宏观指导，建立循环经济发展的有效政策机制；要把循环经济的试点与示范扩展到生产和消费的各个领域；加大可持续发展和循环经济的宣传教育等。2005 年，中国发改委等多个部门联合发布《关于组织开展循环经济试点（第一批）工作的通知》，部署了循环经济试点方案并要求分重点行业、重点领域、产业园区和省市组织开展循环经济试点工作。从广西被列为试点的单位看，广西贵糖（集团）股份有限公司被列为重点行业中的试点单位。2007 年，中国发布《关于组织开展循环经济示范试点（第二批）工作的通知》，围绕实现节能减排目标，对第一批试点进行补充和深化[1]。从广西被列

1　薛冰 . 区域循环经济发展机制研究 [D]. 兰州：兰州大学，2009.

贺州市区全景

为试点的单位看，广西河池市南方有色冶炼有限责任公司被列为重点行业中的试点单位。

二、循环经济的内涵及基本特征

（一）循环经济的内涵

　　循环经济是相对于传统经济而言的一种新的经济形态和经济发展模式，是可持续发展理念的具体体现。循环经济通过把清洁生产和废弃物的综合利用融为一体，实现在物质不断循环利用的基础上发展经济，能够满足人类生存环境的友好化、物质基础的丰富化、全体社会成员公平与利益最大化。循环经济要求把经济活动组织成一个"资源－产品－再生资源"的反馈式流程，所有的物质和能源要在这个流程中得到持续、合理的利用，最大限度地提高资源的配置效率，最大程度降低对自然环境的影响，实现经济系统、环境系统和人类社会系统的良好互动。

　　循环经济运用生态学的思想构建人类社会经济活动，是实现可持续发展的重要模式。国家发改委对循环经济的定义：循环经济是一种以资源的高效利用和循环利用为核心，以减量化、再利用、资源化为原则，以低消耗、低排放、高效率为基本特征，符合可持续发展理念

的经济增长模式，是对大量生产、大量消费、大量废弃的传统增长模式的根本变革。

（二）循环经济的运行原则

1. 减量化原则

循环经济的"减量化"原则是在生产和消费的源头上尽量减少资源的消耗，要求减少进入生产和消费流程的物质量，用最少的原料和能源投入来达到既定的生产目的或消费目的，尽可能地减少资源消耗和废弃物的产生，最大限度提高资源利用效率。减量化原则要求产品的包装应该追求简单朴实以达到减少废物排放的目的。人们在消费中要变过度消费为适度消费、理性消费和绿色消费，选择包装简单的物品，购物时自备购物袋，以减少垃圾处理的压力和对自然资源利用的压力。

2. 再利用原则

循环经济的"再利用"原则要求产品多次使用或经修复、翻新后能继续使用，尽最大可能延长产品的生命周期，防止产品过早地成为废弃物。在生产中，就是将废物直接做为产品，或经过修补、翻新后再继续使用。制造商可以使用标准尺寸进行零部件设计，避免更换整个产品。在消费中，倡导节约，反对浪费，减少对一次性用品的利用，最大限度地用尽产品和服务的使用价值，将物品作为废弃物之前，能返回市场体系或转给别人使用。

3. 资源化原则

循环经济的"资源化"原则要求生产出来的物品在完成其使用功能后能重新变成可以利用的资源，变废为宝、化害为利，二次进入市场或生产过程。就是将废品回收和综合利用，既减少资源的消耗，又减少污染物的排放。

桂江风光

资源化的途径主要有两种，一种是原级资源化，就是将消费者废弃的物品资源化后再生利用。比如：废钢铁生产钢铁，废易拉罐再生易拉罐，废纸生产再生纸；另一种是次级资源化，就是将废弃物转化成其它产品的原料和新的产品。比如：电厂粉煤灰用于生产建材产品、筑路和建筑工程，制糖厂生产中产生的蔗渣作为造纸厂的生产原料，城市生活垃圾用于发电等。

（三）循环经济的基本特征

1. 循环经济的本质特征

循环经济是以资源的循环利用为本质特征,本质上是一种生态经济，要求把经济活动组成一个"自然资源开发—物品生产、消费或废弃物再利用一废物再生资源"的反馈式流程，最后达到"低开采、高利用、低排放"的目的，从根本上缓解资源、环境与经济发展之间的矛盾。

2. 循环经济的技术特征

从循环经济的技术特征上看，循环经济要求通过技术处理对生产和生活中产生的废弃物进行无限次的循环使用，提高资源的利用效率，减少生产过程中资源和能源的消耗，同时尽可能地减少污染排放。

在微观层面上，发展循环经济要求企业在纵向上延长生产链条，从生产产品延伸到废旧品的回收和重复利用；在横向上加快技术改造升级，将生产中产生的废弃物进行回收利用或无害化处理；在中观层面上，发展循环经济要求园区内相关企业之间形成供应链关系，即一企业生产中产生的废弃物成为另一企业的原材料或中间产品。在宏观层面上，发展循环经济要求整个社会再生资源体系实现网络化运转，资源跨产业循环利用，即实现再生资源的产业化、社会化运作[1]。

3. 循环经济的运行特征

循环经济是由众多子系统构成的复杂系统，各个子系统之间相互促进又相互制约，每个子系统按照自己的运行方式发挥独自功能，通过协调平衡各个子系统，才能发挥整体系统的最大效应[2]。循环经济的运行是在三个层面上逐渐推进的，即由小循环的单个企业试验点到中循环的生态工业园区，最后到大循环的循环经济型社会。

（四）循环经济的建设层面

1. 企业层面

企业是经济运行的微观主体之一，是资源消耗和生产产品的场所，

1　李杨. 循环经济发展中的金融支持问题研究 [D]. 青岛：中国海洋大学，2006:19.

2　刘毅. 区域循环经济发展模式评价及其路径演进研究——以天津滨海新区为例 [D]. 天津：天津大学，2011.

是循环经济示范区建设的最基本组成单元，实现循环经济首先应从企业入手。企业通过实施生态设计、清洁生产，建立绿色技术体系，提高生态效率和环境管理质量，通过革新工艺、更新设备及强化管理等手段，提高生产效率，使上游生产产生的废弃物成为下游产品的原材料，在企业内部实现物质的循环通路，实现资源利用最大化，环境污染最小化。企业内部的循环应该注重生态效益，减少产品和服务的物料使用量、能源使用量，最大限度地利用可再生资源，保证产品安全、耐用、环保和方便。目前，循环经济的理念和清洁生产技术也广泛应用到农业生产、农产品加工企业和农村生活领域中。

2. 园区层面

园区层面的循环经济是按照生态学理论和生态设计原则，通过合理设计产业结构和企业结构，使一企业的"排泄物"成为另一企业的"食物"。不同的企业组织通过相互间的物质循环，形成共享资源和互换副产品的产业链。园区层面的循环经济建设主要集中于循环经济示范区内不同产业之间的耦合以及新型产业体系的构建，通过科学合理地调整示范区内的产业结构，把不同行业甚至不同产业链结起来形成共享资源和互换副产品的产业共生组合，形成产业结构连接有效，功能稳定的资源循环型产业体系[1]。

3. 社会层面

社会层面上的循环经济是指在一定的区域，通过在经济社会全领域建立资源循环型社会来实现工业、农业、城市、农村的物质循环。社会层面的循环，就是在整个社会范围内，构建以物质循环为特征的循环经济产业体系，建设水循环利用体系、清洁能源体系等公共设施，大力倡导绿色消费和绿色销售。在政策方面，实现社会大循环要强化立法，制定发展循环经济的法律法规体系和实施细则，制定完善促进循环经济发

1　王鲁明 . 区域循环经济发展模式研究 [D]. 青岛：中国海洋大学，2005.

大桂山五马归槽瀑布　　　　　　　　姑婆山仙姑瀑布

展的优惠政策和激励机制。在产业结构升级和调整的基础上进行"生态结构重组",即按"食物链"形式进行产业布局,形成互相交错、能量流动通畅,物质良性循环的产业网[1]。

1 　宋长生 . 煤炭资源型城市发展循环经济的理论思考与实践 [M]. 哈尔滨:黑龙江人民出版社,2009:13.

第二章

贺州市发展循环经济的战略意义

HEZHOUSHIFAZHANXUNHUANJINGJIDEZHANLUEYIYI

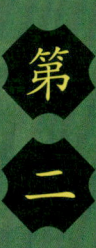

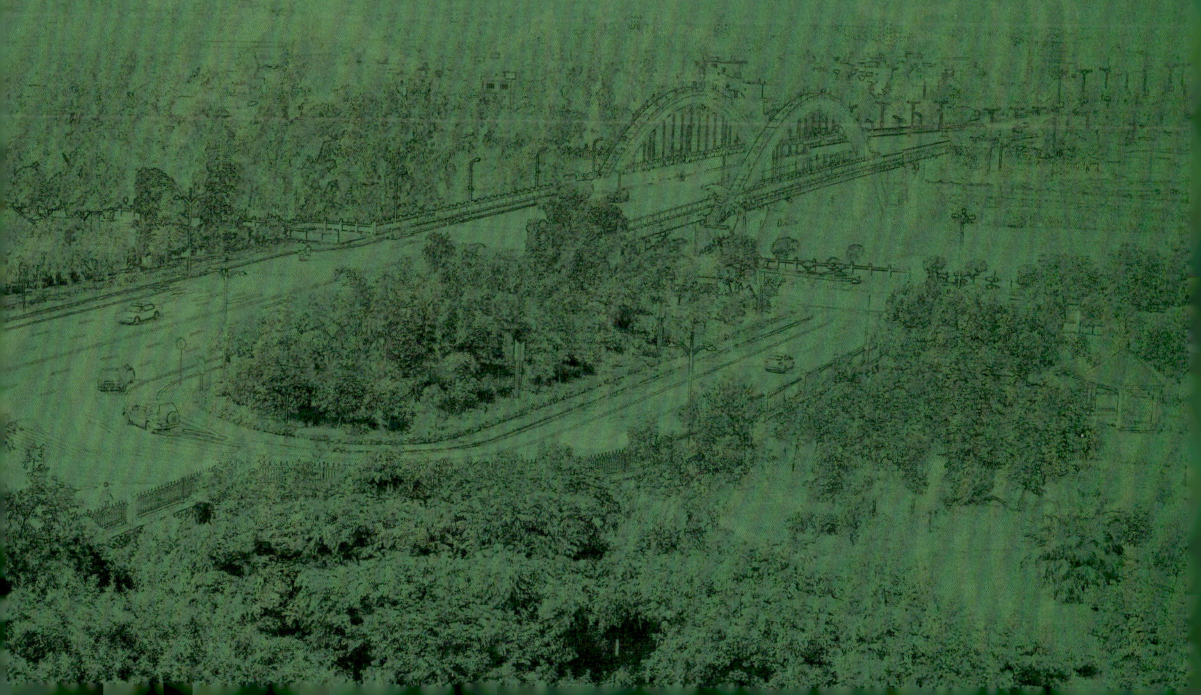

一、发展循环经济是贺州市实现后发崛起的战略选择

循环经济是人类对传统经济发展模式反思后的创新，是对人与自然关系认识的升华。在全球资源不断减少和环境危机日益严重的情况下，大力发展循环经济，提高资源利用率，缓解资源短缺与环境污染压力，实现可持续发展目标，已成为世界各国的普遍共识。

改革开放以来，我国东部发达地区经济快速发展，随着经济规模、人口规模的不断扩张，资源瓶颈越来越突出，经济发展受到极大的限制。而拥有丰富自然资源和劳动力资源、良好生态环境的后发展欠发达地区在经济社会发展中则具有相当的比较优势。在当前挑战严峻、复杂多变的国际经济和经济下行压力大的国内经济形势下，加快发展循环经济是后发展欠发达地区促进产业优化升级，实现经济转型跨越发展的明智之举。

贺州在广西14个地级市中经济总量最小。对贺州而言，要与全国同步实现中国共产党第十八届全国代表大会提出的全面建成小康社会的目标，既要实现经济量的扩张更要实现经济质的提升；既要壮大传统产业更要培

贺州行政区划图

育现代新兴产业；既要注重经济建设更要注重生态文明建设。因此，贺州应坚定不移走循环经济之路，只有抓住发展循环经济带来发展方式的

全新变革，才能实现后发崛起[1]。

（一）发展循环经济是落实科学发展观，促进经济增长方式转变的内在动力

科学发展观，即"坚持以人为本，树立全面、协调、可持续的发展观，促进经济社会和人的全面发展"。科学发展观是我们党坚持以邓小平理论和"三个代表"重要思想为指导，在准确把握世界发展趋势，认真总结我国发展经验，深入分析我国发展阶段性特征的基础上提出的重大战略思想，是对经济社会发展一般规律认识的深化，是指导发展的世界观和方法论的集中体现，是推进社会主义经济建设、政治建设、文化建设、社会建设和生态文明建设全面发展必须长期坚持的指导方针。

科学发展观最重要的是在经济发展领域转变粗放型增长模式为集约型发展模式。循环经济是以协调人与自然关系为准则，以"减量化、再利用、资源化"为原则，实现社会、经济和环境共赢的一种新的经济发展模式，完全符合科学发展观的要求。贺州要实现经济持续快速增长，

贺州市与中国低碳产业投资中心座谈

1　彭晓春：把握黄金机遇期 加快崛起新贺州 [EB/OL].http://travel.cntv.cn，2011-06-03.

必须在有限的资源存量和环境承载力条件下，走循环经济发展之路，加快推进企业循环、产业循环、区域循环，切实转变"大量生产、大量消费、大量废弃"的经济发展模式，大幅度提高资源综合利用效率，促进经济和环境协调发展，走出一条具有贺州特色的科学发展跨越发展之路。

（二）发展循环经济是促进产业结构调整，做大经济总量的战略选择

世界发展进程表明，当一个国家或地区的人均 GDP 处于 500~3000 美元的发展阶段，往往是对人口、资源、环境等"瓶颈"制约最严重的时期。2012 年，贺州的人均 GDP 约为 3000 美元，处于经济发展资源与环境瓶颈最为严重的时期，最突出表现为经济产业结构的不合理。

2012 年，贺州全市地区生产总值 394.21 亿元，同比增长 9%，三产比重由 2011 年的 22.3∶47.2∶30.5 调整为 21.7∶46.7∶31.6。从产业结构看，第三产业比重仍达不到广西 34.7% 的水平，离全国 44.6% 的水平差距更大，说明贺州的产业层次仍处于较低水平。从工业结构看，仍以传统的高能耗、高排放产业为主，规模以上工业企业个数和高科技企业数

贺州市领导调研谋划生态健康产业的发展

量少，上下游企业关联小，难以发挥集群效应。贺州正处于工业化、城镇化的重要发展阶段，要做大经济总量，提高经济质量，只有紧紧围绕结构调整这条主线，以循环经济为切入点，努力提高经济运行质量和效益，才能提高地区经济的综合竞争能力。

（三）发展循环经济是充分发挥后发优势、实现跨越崛起目标的迫切需要

贺州是后发展欠发达地区，在资金、技术、人才、市场等各个方面都处于劣势。从财政资金看，2012 年，贺州全年财政预算收入仅 19.21 亿元，预算财政支出 97.75 亿元，缺口非常大；从企业技术水平分析，贺州企业以中小企业为主，资源开发型或劳动密集型企业多，产品结构单调，附加值不高，高技术产业比重低，企业科技创新能力不足。

从劳动力看，贺州劳动力素质不高，人才缺乏，引人留人难，大量人才流向沿海城市或大中型城市。从市场需求分析，贺州中心市区人口仅 10 多万人，外来人员较少，2012 年城镇居民人均可支配收入不足 2 万元，市场内需能力弱。

贺州循环经济发展座谈会

贺州最大的优势是生态优势，森林资源丰富，有林面积 86.54 万公顷，全市森林覆盖率达到 72.73％。贺州物种多样，境内现有维管束植物 179 科、665 属、1411 种；贺州环境质量优良，多年来空气优良率都达 100％。饮用水水质达标率 100％ [1]。但在经济全球化和知识经济主导当今世界经济发展的态势下，以资源为依托的发展面临着严峻的挑战，这种挑战，就是如何利用资源，怎么以最小的资源消耗来获取最大的经济效益。据不完全统计，目前世界上主要发达国家的再生资源总产值已达到 2500 亿美元 / 年，并且以年均 15%－20% 的速度增长，经济效益、社会效益和生态效益十分显著。贺州必须通过发展循环经济、转变经济增长方式，在更高层次上来开发资源，以有限的资源获取最大的效益。要跨越先发展后治理、先粗放后集约阶段、先工业化后城市化的发展阶段，走可持续的科学发展之路，推动贺州在青山绿水中实现后发崛起。

二、贺州市发展循环经济的机遇和挑战

（一）贺州发展循环经济面临的机遇

从国际环境看，和平、发展、合作依然是时代潮流。当前全球各经济体都积极采取措施发展本国经济应对及防范经济危机，纷纷加快发展绿色产业作为推进经济增长和转型的重要途径，世界经济结构深刻调整，科技创新和产业升级孕育新突破，国际生产要素的重新配置及全球产业链的重新打造，有利于贺州更好地利用国外资源及市场。在新一轮国际竞争中，走绿色低碳循环的发展道路是必然的选择。

从全国发展环境看，当前，我国依然具备继续保持经济平稳较快发展的优势，经济实力明显增强，社会生产力基础雄厚，物质基础更加雄厚，经济结构不断优化，宏观调控水平不断提高，国内市场潜力巨大，防范风险和抗击危机的能力大大提高。2011 年，我国国内生产总

1　何蓓琦，梁雅丽 . 贺州市发展循环经济 建设生态文明 [N]. 中国环境报，2012-10-22.

值 473104 亿元，比上年增长 9.3%；固定资产投资 311485 亿元，比上年增长 23.8%；社会消费品零售总额 183919 亿元，比上年增长 17.1%；进出口总额 36419 亿美元，比上年增长 22.5%；城镇居民人均可支配收入 21810 元，比上年增长 14.1%，农村居民人均纯收入 6977 元，比上年增长 17.9%。据统计，2012 年，全年国内生产总值 519470.1 亿元，比上年增长 7.65%；固定资产投资 374694.74 亿元，比上年增长 20.29%；社会消费品零售总额 210307 亿元，比上年增长 14.3%；进出口总额 38671.19 亿美元，比上年增长 6.18%；城镇居民人均可支配收入 24564.7 元，比上年增长 12.63%[1]。国家整体经济的平稳较快发展，继续加大对欠发达地区的支持力度，为贺州发展循环经济提供了良好的经济环境和政策支持。

近年来，国家出台了一系列发展循环经济的政策规划，比如：2005 年出台的《国务院关于加快发展循环经济的若干意见》，2012 年通过《"十二五"循环经济发展规划》；2013 年印发《循环经济发展战略及近期行动计划》等，为贺州发展循环提供了政策支持。2009 年出台的《中华人民共和国循环经济促进法》，为贺州发展循环经济提供法律保障。

目前国内外产业梯度转移步伐加快，新一轮国内外产业大转移正在兴起，桂东国家级承接产业转移示范区建设的加快，有利于贺州发挥资源能源保障、劳动力供应、区位条件等方面的优势，扩大招商引资，承接产业转移、加快工业化进程，寻找更大的发展空间，实现借力发展。当前我国已进入全面建成小康社会的关键时期，是发展循环经济的重要机遇期。

从广西发展看，各项主要经济指标均保持较快发展势头。2011 年，全区生产总值 11720.87 亿元，比上年增长 12.3%，第一、二、三产业增

1　中华人民共和国国家统计局 . 年度数据 [EB/OL]. http://data.stats.gov.cn，2013-04-16.

贺州城区一角

加值占地区生产总值的比重分别为 17.5%、48.4% 和 34.1%，人均地区生产总值 25326 元，比上年增长 12.0%；全社会固定资产投资 10160.45 亿元，比上年增长 29.3%；社会消费品零售总额 3908.10 亿元，比上年增长 18.0%；财政收入 1542.23 亿元，比上年增长 25.5%[1]。初步核算，2012 年，广西生产总值 13031.04 亿元，比上年增长 11.3%；固定资产投资 12171.79 亿元，比上年增长 24.8%；社会消费品零售总额 4474.59 亿元，比上年增长 15.9%；城镇居民人均可支配收入 21243 元，比上年增长 12.7%[2]。广西经济的较快发展势头，为贺州发展循环经济提供了良好的经济环境。

近年来，广西也高度重视发展循环经济，在近期的五年规划中，均提出了发展循环经济的战略，并制定了《广西循环经济发展"十二五"规划（2011—2015）》，采取了一系列政策措施加快发展循环经济，为贺州发展循环经济提供了良好的政策环境。

1　广西壮族自治区统计局 . 广西统计年鉴 [M]. 北京：中国统计出版社，2012.

2　广西壮族自治区 2012 年经济运行情况 [EB/OL].http://info.1688.com，2013-03-05.

贺州市贺江北岸商住小区

（二）贺州发展循环经济面临的挑战

从国际形势看，国际政治经济环境复杂多变，全球经济仍然处在危机后的调整期，增长分化进一步明显，地区冲突、宗教矛盾和主权争议等问题不断，国际政治领域竞争博弈日益复杂。发达国家经济增长乏力，失业率居高难下，财政窘迫，纷纷走"再工业化"道路，贸易壁垒和贸易摩擦加剧；新兴市场国家经济回升动力不足；受自身结构性问题和本国经济刺激政策乏力，发展中国家经济增长也明显减速[1]。

从我国发展形势看，依然面临巨大的挑战，不平衡、不协调、不可持续问题依然突出，经济增长下行压力和产能相对过剩的矛盾有所加剧，传统发展模式面临诸多调整，新竞争优势仍处于逐渐形成的过程，粗放发展方式还没有根本改变，经济结构性矛盾突出，制造业产能过剩问题严重，企业生产经营成本上升和创新能力不足的问题并存，能源资源和生态环境约束日趋强化等。

从广西发展形势看，面临经济增速风险大、节能减排压力大、保障

1　汪同三 . 当前经济形势和我国的发展优势 [N]. 人民日报，2012-10-22.

绿树掩映的贺州城区一角

和改善民生难度大等突出问题以及缺钱、缺地、缺电等突出难题。经济发展方面，缺乏大产业、大企业支撑，经济增长的质量和效益也不高，粗放型的经济增长方式尚未根本改变，资源利用效率不高，工业污染物排放总量大，结构性污染突出，发展的资源和环境约束日益趋紧。

产业发展方面，主导产业以冶金、有色金属、电力、制糖等传统产业为主，产业之间的联系不够紧密、产业链较短，以资源型初级产品生产为主，精深加工产品、高附加值产品少，难以形成产业集聚。此外，广西经济的发展也缺乏科技和人才的支撑。

综观上述国际、全国、广西发展等方面存在的突出问题，使贺州发展循环经济面临巨大的挑战。

第三章

贺州市发展循环经济的条件分析

HEZHOUSHIFAZHANXUNHUANJINGJIDETIAOJIANFENXI

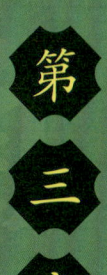

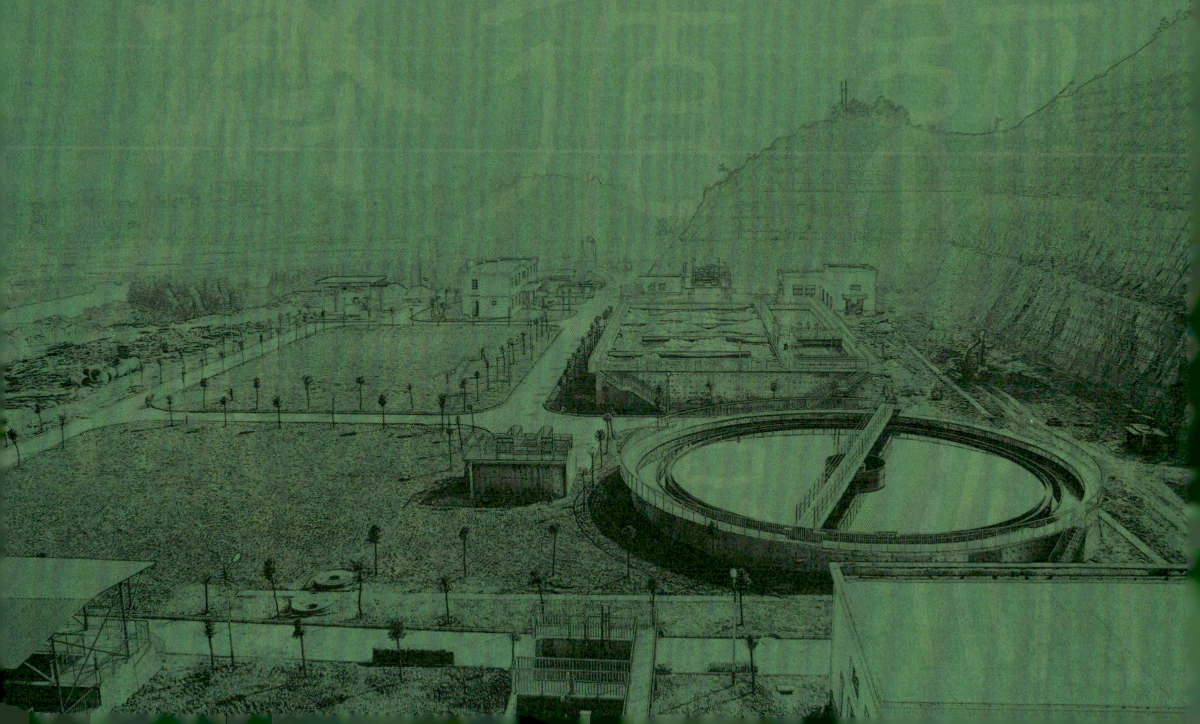

一、贺州市发展循环经济的资源条件

（一）贺州水电资源状况

贺州市水资源丰富，主要河流有桂江、贺江等，均属珠江水系。贺州境内大小河流纵横交错、支流繁多，集雨面积 50 平方公里以上的河流有 55 条，总长约 1980 公里。桂江由桂林流经昭平县至梧州汇入西江，全长约 450 公里，流域面积约 19000 平方公里。贺江是西江一级支流，全长约 360 公里，流域面积约 12000 平方公里，其中广西境内约 8500 平方公里，穿行于贺州市的富川、钟山、八步。

贺州降雨充沛，是地表水的主要来源。2011 年，贺州市地表水资源量 71.3 亿立方米，地下水资源量 21.6 亿立方米，人均水资源量 3634 立方米，高于全区的 2909 立方米。从下表可以看出，贺州市从 2007—2011 年，年均供水和用水总量为 16.33 亿立方米。从用水结构看，年均农田灌溉用水 11.08 亿立方米，所占比重为 68%，年均工业用水 1.55 亿立方米，所占比重为 10%，年均居民生活用水 1.20 亿立方米，所占比重为 7%，其它年均用水 2.51 亿立方米，所占比重为 15%。目前，贺州

表 3.1　贺州市供水、用水情况（单位：亿立方米）

年份	供水总量	用水总量	农田灌溉用水		工业用水		居民生活用水		其它用水	
			用水量	所占比重	用水量	所占比重	用水量	所占比重	用水量	所占比重
2007	16.47	16.47	13.41	0.81	1.48	0.09	1.19	0.07	0.39	0.02
2008	15.85	15.85	10.48	0.66	1.67	0.11	1.28	0.08	2.42	0.15
2009	16.72	16.72	10.66	0.64	1.69	0.10	1.12	0.07	3.25	0.19
2010	15.95	15.95	9.72	0.61	1.46	0.09	1.28	0.08	3.49	0.22
2011	16.67	16.67	11.12	0.67	1.47	0.09	1.11	0.07	2.97	0.18
5 年平均	16.33	16.33	11.08	0.68	1.55	0.10	1.20	0.07	2.51	0.15

资料来源：广西统计年鉴（2008—2012）

贺江

市拥有水电站 200 多座，总装机容量 60 多万千瓦，全年水电发电站占全市发电量的 96% 以上。贺州水电资源非常丰富，其水电建设一直走在广西乃至全国的前列。20 世纪 50 年代，贺州就建起了广西第一座水电站——广西光明化工厂水电站，1995 年，又建起了中国第一个水电农村初级电气化地区和广西唯一的一个千伏环网为网架的独立电网结构。2005 年，贺州市又被中国水利部授予中国第一个"水电电气化市"荣誉称号。

桂江金牛坪电站

贺江合面狮电厂

桂江

（二）贺州土地资源状况

贺州土地面积 11855 平方公里，土地特点是山多地少，属"八山一水一分田"的南岭山地丘陵区。据贺州市国土资源局 2012 年调查数据显示，贺州未利用土地面积为 71022.76 公顷（含其它草地、滩涂和裸地），其中适于利用的（坡度 25 度以下）低丘缓坡未利用土地（含其它草地和滩涂，不含难以利用的裸岩石砾地）面积有 21301.83 公顷，但各地块较小，相对较为分散，集中连片面积在 5 公顷以上的地块不多。贺州市共有低丘缓坡土地面积 240959.0935 公顷，按地类区分，其中耕地 9964.1746 公顷、园地 6755.702 公顷、林地 129849.08 公顷、草地 17475.06 公顷、交通运输用地 792.3676 公顷、水域及水利设施用地 1153.3498 公顷、其他土地 53.4082 公顷、城镇村及土矿用地 11094.525 公顷，分别占全市可利用低丘缓坡土地面积的 5.63%，3.81%，73.30%，9.87%，0.45%，0.65%，0.03%，6.26%，耕地占低丘缓坡的总面积的比例 5.63%，远小于广西国土资源厅提出的 30% 以下的目标要求，为贺州

贺州市地貌地形图

市今后利用低丘缓坡土地发展工业铺平了道路[1]。

（三）贺州森林资源状况

贺州市是广西重点林区之一，人工造林主要有马尾松、杉木、桉树和竹子等。2008 年，全市森林覆盖率 65.7%，有林面积 66.2 万公顷，活立木总蓄积 3388.9 万立方米，公益林管护面积 20.3 万公顷，占林业

昭平县九十九顶林场

八步区速生丰产林

1　贺州市国土资源局.贺州市低丘缓坡综合开发利用情况调研报告 [J].南方国土资源，2012.07:36.

大桂山林场

用地的 24%。2009 年，全市森林覆盖率 70.5%。2012 年，贺州森林覆盖率高达 72.73%，有林面积 86.54 万公顷，绿化程度达 92%，森林覆盖率和绿化程度均大大高于全国及广西的平均水平，有滑水冲、姑婆山、西岭山和七冲等 4 个自然保护区。广西 4 个森林大县（区）中，贺州市就占了两个。2013 年 9 月，贺州荣获"国家森林城市"荣誉称号。

（四）贺州矿产资源状况

贺州地处中国南岭之一的萌渚岭南缘，为南岭东西向构造岩浆岩成矿带的中段，地层出露较齐全，地质构造复杂，岩浆活动频繁，是矿产资源比较丰富的地区，现已探明的有黑色金属、有色金属、稀有金属、贵金属、非金属等 60 多种，储量大、品种优、易于开采加工。主要矿产为饰面大理岩、饰面花岗岩、钨锡矿、铅锌矿、稀土和水泥用石灰岩等，矿产地有 97 处。探明储量的共有 28 种（含伴生矿种），其中大型矿床 13 处，中型 20 处，小型 104 处。稀土、饰面花岗岩、

稀土

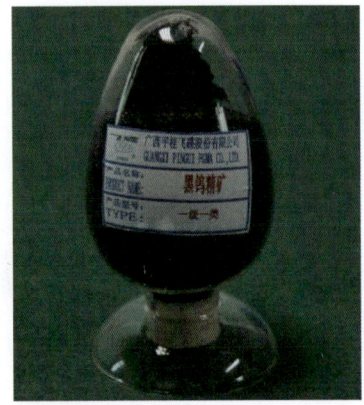

黑钨精矿

饰面大理岩、硅灰石等保有资源量居广西第一位。其中，大理石储量达 15 亿立方米，花岗岩储量达 20 亿立方米，离子稀土储量达 50 万吨，铁矿储量达 15400 万吨，铝锌矿储量约 20 万吨[1]。

贺州大理石

二、贺州市发展循环经济的经济基础

自 2002 年以来，贺州通过紧紧围绕"撤地设市、加快发展"这个主题，着力推进工业化、城镇化以及农业企业化，不断巩固提高商贸业和旅游业，壮大县域经济，加快城镇化步伐，深化改革，扩大开放，形成了后发赶超的势头。

（一）经济总量不断扩大

各国经济的发展历程表明，越是后发达国家，政府在经济发展中的作用越大，就越需要一个经济宏观调控能力强的政府。贺州喜人的经济发展趋势正是政府宏观调控能力的体现，是发展循环经济的宏观基础。2002 年以来，贺州市经济总量、财政收入、社会固定资产投资等主要经济指标持续增长。2002 年，贺州全市地区生产总值、全社会固定资产投资总额、财政收入分别为 110.26 亿元、12.51 亿元、6.26 亿元。到 2012 年，全市地区生产总值、全社会固定资产投资总额、财政收入，分别为 394.21 亿元、591.58 亿元、32.04 亿元，比 2002 年分别增长了 2.7 倍、46.2 倍、5 倍。初步统计，2013 年全市地区生产总值、全社会固定资产投资、财政收入分别为 421 亿元、480 亿元、35.76 亿元，分别同

1　贺州年鉴（2008-2009）[M].南宁：广西人民出版社，2012.

比增长 10.5%、17.2%、11.6%。贺州经济实力明显增强，正加快从传统农业市向新型工业化城市转变，从不沿边不靠海的广西"交通末梢"向桂粤湘区域性交通枢纽转变，从"县级市"向区域性中心城市转变。

（二）产业结构不断优化

产业结构调整和优化升级，能使产业结构适应市场需求，并带来最佳效益，是发展循环经济的一种途径。建市以来，贺州不断优化调整工业结构，顺利推进工业园区建设，循环工业初具规模。三次产业结构由 2002 年的 38.6：27.8：33.6 调整到 2012 年的 21.7：46.7：31.6，基本确立了工业主导的地位。2012 年，贺州规模以上工业总产值达到 301 亿元，增长 26.9%；农业总产值达到 135.6 亿元的历史新高，增长 6.1%；社会消费品零售总额总计 106.4 亿元，增长 15.2 亿元。随着一大批产业项目的规划建设，电力、林产、矿产、电子和新材料等五大支柱产业以及贺州华润循环经济示范区、电子科技生态产业园、旺高、西湾（平桂）、信都和桂台（贺州）客家文化旅游合作示范区等六大园区的建立，现代产业体系逐步形成，开启了大产业引领循环经济大发展的新格局。

（三）工业化进程不断推进

1.现代产业格局基本形成

为发展循环经济，必须走产业集聚化道路，而支柱产业和工业园区是实现产业集聚化的最佳模式。近年来，贺州依托资源优势，突出发展战略性新兴产业，做大做强支柱产业，加快把贺州建设成为广西新兴工业城市。集中力量打造"五大支柱产业、六大产业园区、百里工业走廊"，开启了大产业引领大发展格局。重点围绕电力、林产、矿产、电子和新材料 5 大支柱产业，高起点规划建设贺州华润循环经济示范区、电子科技生态产业园、旺高、西湾（平桂）、信都和桂台（贺州）客家文化旅游合作示范区等 6 大园区，着力加快发展新能源、新材料等高新技术产业，努力打造广西战略性新兴产业高地，启动了稀土、钨钛锡、碳酸钙新材

1 中国有色（广西）平桂飞碟股份有限公司飞碟牌精锡生产线

2 贺州吉光电子生产车间

3 贺州市速丰木业有限公司生产车间

4 平桂管理区重钙粉体生产企业车间

贺州市循环经济发展研究

1 旺高工业区　　2 西湾工业园区石牛塘石材车间　　3 信都工业园区—钢铁企业车间

料产业园建设，碳酸钙新材料产业示范基地列入自治区重点建设基地。桂东电子、金源稀土、灵峰药业 3 家企业被认定为国家级高新技术企业，电子铝光箔产能达 1000 万平方米，居全国前列，在建风电、太阳能等绿色能源电源装机容量达 40 万千瓦，相当于全市现有装机容量的 2/3。

2011 年，贺州完成新建园区规划的编制，深化与华润集团、中国大唐、中国纸业、中国铝业、中国有色矿业等央企，以及广西交通投资集团、北部湾国际港务集团等自治区重点企业合作。六大园区完成基础设施和产业项目投资 61.7 亿元，全市工业园区总产值增长 43%。2011 年，全市主营业务收入 2000 万元以上的规模企业 150 家，产值超亿元企业 46 家。

据初步统计，2012 年，贺州市全部工业总产值突破 400 亿元，达到 411.3 亿元，增长 16.1%，荣获自治区工业产业发展优秀奖，碳酸钙产业成为贺州市第二个产值超 50 亿元产业。加快发展重点园区，六大产业园区实现工业总产值 245 亿元，占全部工业总产值的 59.6%。大力实施"抓大壮小扶微"工程，净增规模以上工业企业 17 家，新增亿元企业 17 家，新增微型企业 631 户。突出抓好重大产业项目建设，完成工业投资 305.3 亿元，增长 39.2%；完成技改投资 145.3 亿元，增长 45.3%[1]。2013 年，全市规模以上企业 169 家，产值超亿元企业 63 家。

2. 农业产业化为推行循环农业提供有力支撑

发展循环农业要求实现农业生产过程的清洁化、资源化和循环化。具体而言，就是要加快推进农业产业化，拓展农业产业链，提高资源利用率，推行清洁生产，探索循环农业发展新模式。首先，贺州大力加强农业基础设施建设，加快农业产业化步伐，特色农业、品牌农业和生态农业得到巩固和发展，优势农产品基地不断扩大，新兴农产品基地快速发展，生态林业稳步推进。2010 年，雨润集团和广东温氏等农业龙头企业落户贺州，市级以上重点农业产业化龙头企业也增至 36 家。2011 年，成功引进雨润集团建设 200 万头生猪加工项目；嘉宝食品和富川杨氏果业等一批农业产业化项目加快推进；市级以上重点农业产业化龙头企业达 40 家，自治区级重点龙头企业 6 家。2010 年，贺州先后有 12 个农产品获国家级、自治区级名优农产品称号。在全区率先启动创建出口食品农产品质量安全示范区工作，建成农业标准化生产基地面积 50 万亩；建立无公害标准化养殖示范场 141 个。2013 年，八步区、平桂管理区

1 白希.贺州市政府工作报告（2013 年 2 月）[BE/OL].www.gx.xinhuanet.com，2013-03-01.

1 第七届中国南岭瑶族盘王节
　富川脐橙节开幕式
2 2012 年广西（昭平）茶王节
　暨文化旅游节开幕式

已成功创建国家级出口食品农产品质量安全示范区。建成农业标准化生产面积 71.5 万亩，完成造林面积 30.9 万亩，发展林下经济产值达 17.99 亿元。

其次，贺州分步骤有序地建设了一批循环农业示范项目，引导农民大力实施清洁生产，有力地促进了贺州循环农业的发展。2011 年，贺州全面推广以沼气为纽带的循环农业发展模式，新建生态循环农业示范村 3 个、生态文明示范村 12 个，组织建设新农村示范点 135 个，成功探索出了桂东新农村建设的"铁耕模式"。已建成标准化农作物种植基地 1909 个，有 17 个农产品获国家级、自治区级名优农产品称号；全市沼气入户率达 61.1%，居全区第一；通过无公害农产品产地认定种植面积达 98.3 万亩，富川率先建设成为广西唯一的国家级出口食品农产品质量安全示范区，平桂、八步和昭平获得广西出口食品农产品质量安全示范区称号。2011 年，全市农林牧渔业总产值由 2009 年的 88.97 亿元提高到 125.6 亿元，年均增长 4.9%。2012 年，八步区成为国家蔬菜清洁生产示范项目县。富川瑶族自治县还被农业部列为广西首个"全国农村土地承包经营权流转规范化管理和服务试点地区"项目县。2013 年，

1 昭平县有机茶园　　2 八步区淮山种植基地　　3 规模养殖信都鸡

富川脐橙获得农业部农产品地理标志登记保护。贺州农业正朝着生态农业、循环农业的方向发展。

3.服务业发展水平不断提高

现代服务业具有高增值性、高知识性、高回报率以及新兴性等特点，能以较低的成本投入带来较高的收益，同时对环境消极的影响也相对较小。建市以来，贺州市服务业增加值由 2002 年的 37.76 亿元增加到 2012 年的 124.40 亿元，增长了 2.3 倍，占 GDP 比重由 2006 年的 24.9% 增加到 2012 年的 31.6%。初步统计，2012 年，贺州市各类市场主体较快增长，新增私营企业 1487 户、农民专业合作社 90 户、个体工商户

1 大桂山　　2 紫云洞

1 贺街浮山　　2 富川古风雨桥　　3 黄洞月湾茶园景区

6598户。金融业服务实体经济的能力增强，金融机构存款余额348.8亿元，增长16.7%；各项贷款余额204.7亿元，增长18.8%，增速排全区第3位。[1]

从旅游业发展看，2006年，黄姚古镇被评为"中国最值得外国人去的50个地方"金奖景区和中国最具有旅游价值古城镇。2008年，黄姚古镇被评为国家4A级旅游景区和中国历史文化名镇，十八水原生态公园被评为国家3A级旅游景区。至2010年，贺州先后创立国家4A级景区3个、3A级景区1个。2012年，贺州荣获"2012中国最佳生态

1　白希. 贺州市政府工作报告（2013年2月）[BE/OL]. www.gx.xinhuanet.com，2013-03-01.

1 外国游客在昭平县黄姚古镇游览　　2 游客在平桂管理区十八水景区游玩

旅游示范城市"的称号，黄姚古镇旅游区荣获"广西五星级乡村旅游区"称号。2012 年，全市接待游客总人数 811.9 万人次，增长 22.5%；实现旅游总收入 72.6 亿元，增长 32.6%；旅游创汇 7630 万美元，增长 20.7%。建市以来，贺州市旅游业发展情况如下表：

表 3.2　贺州市旅游业发展情况一览表

年份	接待国内游客数（万人次）	增长率（%）	国内旅游收入（亿元）	增长率（%）
2002	155	—	6.04	53.28
2003	182.9	18.0	7.5	21.0
2004	235.53	33.1	9.37	25.2
2005	275.3	17.3	12.9	37.2
2006	309.53	12.4	15.7	21.0
2007	327.2	5.71	18.17	16.2
2008	370.7	13.3	22.1	21.8
2009	423.4	14.2	27.6	24.7
2010	487.43	15.1	34.87	26.3
2011	662.6	35.9	54.5	56.5
2012	811.9	22.5	72.6	32.6

注：数据来源：2003 年—2012 年《广西统计年鉴》以及贺州市历年政府工作报告；"—"表示无数据来源。

（四）县域经济不断壮大

县域经济是城市经济的重要组成部分。它的发展对于促进区域、城乡经济的协调发展，解决"三农"问题，全面建成小康社会等重要任务均大有裨益。就经济规模、速度和结构等指标来看，各县（区、管理区）

的经济始终保持良好的发展势头。主要表现在：第一，经济规模不断扩大，增速持续加快。"十一五"期间，以富川和昭平为例，两地的GDP年均增速分别是11.8%和9.7%。2011年，全市县域GDP达到346.83亿元，同比增长17.70%。第二，经济结构逐步完善，特色经济初具规模。八步蔬菜、富川脐橙、平桂马蹄、钟山优质米和昭平茶分别形成了自己的特色农业产业体系。在工业、商贸旅游业等方面，全市县域也不断取得新突破。以富川为例，"十一五"期间，工业增加值以年均12.1%的速

1 昭平县城　　2 钟山县城　　3 富川县城　　4 八步区八桂木材加工集散中心一角

度增长。第三，城乡居民收入水平节节攀升，统筹城乡发展取得喜人成绩。2012 年，贺州还出台实施《关于加快县域经济发展的实施意见》及相关配套文件，严格实行发展任务和发展成效"双考核"。

广西真龙彩印厂车间

与此同时，积极推进扩权强县改革，下放行政审批项目 558 项。各县（区、管理区）根据区域特色，科学决策，加快了县域经济由农业支撑向工业主导的转变步伐。

（五）城镇化步伐不断加快

人类的未来在很大程度上是由城市的未来决定的。城市能够让人类

贺州市城东新区

变得亲密，促进文化交流与科技创新，鼓励创业，缩短空间距离，能有效地实现节约能源、保护环境、优化生态的目标[1]。因此，贺州发展循环经济就应该大力推进城镇化。近年来，贺州市坚定不移地发展循环经济，走新型城镇化之路，充分发挥城乡规划的综合调控和引导作用，完成修编《贺州市城市总体规划（2009—2030 年）》、《"一江两岸三新区"控制性详细规划》，控制性详细规划覆盖率从 2009 年的 32.3% 提高到 2011 年的 84.3%；引导八步区向东发展、平桂管理区向西发展，全面实施"一江两岸三新区"路网工程等基础设施建设，"贺八平钟一体化"和小城镇建设进程，迅速拉大了城市框架，城市面貌发生巨大变化。

从城市管理看，2002 年以来，贺州市先后制定了《贺州市建设用地容积率规划管理规定（试行）》、《贺州市城市规划区范围内建设项目

1　[美] 爱德华·格莱泽. 城市的胜利 [M]. 上海：上海社会科学院出版社，2012:5-7.

贺州市商住一体街区

规划和用地审批管理办法（试行）》、《贺州市城市规划区多层建筑规划设计有关规定》等一系列有关城市规划建设管理制度，提高了城市规划建设管理和依法行政水平。

从房地产业看，2002 年以来，贺州市商品房开发累计完成投资 34.38 亿元，累计完成建筑面积 246.46 万平方米，以年平均 40.4% 的速度递增，城市建设水平和发展速度明显提升。自 2008 年全市开展保障性安居工程项目建设以来，共建设了保障性住房 2.8 万套，建筑面积 229.36 万平方米，完成投资 18.1 亿元。商品房开发与保障性住房建设共同推进贺州市住房供应体系日趋完善，全市住房开发结构得到进一步优化。

平桂管理区新城全景

灵峰广场

从城区规模看，贺州市城区人口由 2002 年的 11 万人增加到 2012 年的 30 万人，建成区面积由撤地设市前的 15.23 平方公里扩大到 2012 年的 34 平方公里。从城镇化率看，贺州市的城镇化水平由建市之初的 25.4% 提升到 2012 年的 39%。2012 年，贺州获得全区第八届市容"南珠杯"优秀城市奖、"广西森林城市"和"广西卫生城市"称号。城镇化建设中，通过有效合理配置公用

富川瑶族自治县富阳镇黄龙村文体活动设施

贺州市平桂管理区沙田镇民田村新貌

设施，以及科技、教育、文化、体育、医疗等公共资源，让更多的农民享受到更高水平的公共服务。

三、贺州市发展循环经济的社会基础

社会子系统和生态环境子系统共同构成了发展循环经济的社会基础。就业、社会保障、科教文卫体、环境保护和社会安全等社会事业的发展是发展循环经济的社会基础。

贺州立足工业化的初级阶段、城市化的起步阶段的基本市情，强化"小财政办大民生"工作理念，有重点分步骤地持续推进以改善民生为重点的社会建设，做实"基本民生"、保障"底线民生"、解决"热点民生"，推进收入分配、医药卫生、社会管理、文化事业产业等关系国计民生领域的改革创新。通过大力实施"六项民心工程"、提高社会保障的覆盖率、大力发展科教卫生体事业、积极开展环境保护工作、创建并实施"平安贺州"等活动，贺州的社会各项事业得到了全面发展。2012 年，贺州大幅度提高对民生领域的财政支出，达到了 77.5 亿元，增长 24.2%，占公共预算支出的 79.3%。2013 年，全市民生领域财政支出 86 亿元，增长 11%。

表 3.3　贺州市用于社会事业的预算支出

年份	文教科卫事业费 （单位：亿元）	医疗支出 （单位：万元）	社会保障就业支出 （单位：万元）
2002	3.01	—	—
2003	4.1	555	1076
2004	3.56	713	6600
2005	4.10	795	7500
2006	5.62	—	7900
2007	7.47	16800	19000
2008	9.75	25600	33000
2009	6.43	50300	115800
2010	14.15	57800	54700
2011	16.27	94200	66300

注：数据来源：2003 年—2012 年《广西统计年鉴》；"—"表示无数据来源。

（一）就业人数不断增加

就业是民生之本，劳动是宪法赋予每个公民的权利。促进就业与再

贺州市举办大型招聘会现场

就业是贺州加强社会建设，构建和
谐社会的重大举措。近年来，贺州
狠抓落实群众就业与再就业工作，
从事第三产业的就业人员比重稳步
上升。贺州还采取了各项有效措施，
积极促进城乡居民就业，失业现象
得到了一定控制。

昭平县农民在本地服装企业打工

"十一五"期间，新增城镇就
业 7.3 万人，转移农村劳动力 20.4
万人，城镇登记失业率控制在 4.5%
以内。2011 年，城镇新增就业 1.59

钟山县农民在本地玩具厂打工

万人，下岗失业人员实现再就业 4385 人；农业劳动力转移新增就业 4.02
万人。2012 年，贺州新增城镇就业 1.57 万人，新增农村劳动力转移就
业人数达到 3.55 万人。同时，将城镇登记失业率控制在了 3.08%。2013
年，新增城镇就业 1.69 万人，农村劳动转移新增就业 2.82 万人，城镇
登记失业率控制在 3.56%。

（二）城乡居民收入稳步增长

伴随着贺州市经济社会事业的又好又快发展，贺州城乡居民的收

入稳步地增长，生产生活条件得到不断改善。如下表所示，2002 年—2013 年，城乡居民收入稳定增长，增长了两倍多。

表 3.4　贺州城乡居民家庭人均可支配收入（纯收入）增长情况表

年份	贺州城镇居民家庭人均可支配收入（元／人）	增长率（%）	贺州农村居民家庭人均纯收入（元／人）	增长率（%）
2002	6980	—	1793	—
2003	7869	12.73	2047	5.5
2004	6305	-24.8	2090	10.4
2005	7516	19.2	2351	12.5
2006	8619	14.6	2682	14.0
2007	10796	25.3	3093	15.3
2008	12272	13.7	3458	11.8
2009	14151	15.3	3776	9.2
2010	15802	11.7	4298	13.8
2011	17606	11.4	4963	15.4
2012	19855	12.8	5823	17.3
2013	21740	9	6580	13.0

注：数据来源：2003 年—2012 年《广西统计年鉴》以及 2013、2014 年贺州市政府工作报告；"—"表示无数据来源。

（三）社会保障水平不断提高

贺州始终注重扶贫和社会保障工作。"十一五"期间，全面完成了 141 个贫困村"整村推进"扶贫开发任务，投入各项财政扶贫资金 1.45 亿元，减少贫困人口 15.2 万人，解决 45.7 万人的饮水安全问题，解决 8.4 万人用电困难。2013 年，新建农村饮水安全工程 145 项，解决 15.7 万人饮水安全问题。城镇居民基本医疗保险和新型农村社会养老保险试点

八步区城镇居民喜领社会养老保险养老金　　昭平县困难家庭户喜领廉租住房的钥匙

工作进展顺利，低收入家庭住房条件不断改善，城乡"低保"实现"应保尽保，按标施保"目标。养老、医疗、失业、工伤和生育五项社会保险新增扩面1.54万人次，2012年，贺州实现了城乡养老保险制度全覆盖，基本医疗、工伤、生育以及失业保险参保人数累计达到59.38万人次[1]。2013年，新农合参合率提高到98.89%。2013年，保障性安居工程建房开工5400多套，完成农村危房改造1.12万户。

（四）科教文卫体事业稳步发展

大力发展科教文卫事业，积极提升城乡居民的各项素质，是增强贺州发展循环经济的科技支撑和人力资源基础。自2002年以来，贺州共实施了五轮科技创新计划，科学技术对经济发展的支撑作用不断增强。"十一五"期间，共实施第三、第四轮创新计划项目408项，创新工业先进技术44项，集成创新和推广应用农业先进实用技术86项，参与制订国家和行业标准10项，全面实施知识产权发展战略，专利申请量、授权量大幅度提升。2011年，深入实施第五轮创新计划，专利申请量增长79.72%，授权量增长33.33%；2012年，专利申请量增长30.8%，授权量增长16.3%；2013年，被自治区认定科技研发中心之家、创新型

贺州学院西校区校园

1　白希.贺州市政府工作报告（2013年2月）[BE/OL].www.gx.xinhuanet.com，2013-03-01.

企业之家。

近年来，贺州不断加大对教育的投入力度，积极发展义务教育、高中教育、职业教育和高等教育，改善各类学校的办学条件，巩固和提高"两基"教育成果。中小学校布局调整和危房改造工作不断取得新突破，至2010年，实现城乡免费义务教育。2011年，投入3.8亿元推进贺州高中迁建工程和贺州二高扩建工程，贺州学院在校生超过1万人。2012年，贺州喜获"全区职业教育攻坚工作进步市"和"全区职教攻坚工作职教园区建设创新市"荣誉称号。

贺州大力发展文化艺术、广播电视以及新闻出版事业。《卖桃》、《贺州麒麟舞》、《仙姑岭茶歌》、《流水欢歌迎客来》、《鼓动瑶山》等一批优秀文艺作品先后获得国家和自治区级奖项。同时，加强文化基础设施建设也是贺州科教文卫事业的工作重点。2008年，贺州率先在全区实现农村电影放映数字化，加快建设广播电视"村村通"工程，农村广播电视无线覆盖率65%。2010年，贺州荣获"自治区文明城市"称号。

1 富川瑶族自治县小学生在多媒体教室上课　　2 贺州高级中学校园全貌
3 昭平中学校园　　4 钟山县同古镇中学

1 贺州市开展"三下乡"活动　　2 贺州市广济医院骨干医师到县区为农民群众义诊
3 昭平县体育中心

积极实施文化惠民工程，建设村级公共服务中心64个，农家书屋202个，有 29 个乡镇 357 个村配备了文化活动设施；"村村通"广播覆盖率达 94%，电视覆盖率达 98.1%；特色文化影响力扩大，成功举办中国（贺州）瑶族盘王节。贺州还广泛开展全民健身活动，大力加强体育基础设施建设，群众性体育和竞技体育均获得了良好成绩。2011 年，贺州在广西第十二届运动会上获得 45 枚金牌，居广西第 6 位。2012 年，贺州还邀请了中央电视台"心连心"艺术团来贺州演出。

（五）环境保护和生态建设得到加强

大力开展环境保护和生态建设工作，优化国土资源开发，为发展循环经济奠定生态环境基础。贺州市区相继建成了污水处理厂、垃圾卫生填埋场，城区生活污水处理率达到 70% 以上，建筑垃圾和生活垃圾处理率达 100%。2011 年建成医疗废物处置中心。在顺利完成"十一五"

环境空气、地表水和城市饮用水水源连续 3 年保持 100％达标，酸雨频率大幅下降，噪声污染得到明显遏制。不断提高城市森林覆盖率，扩大绿化面积。

表 3.4　贺州市森林覆盖率和城市绿地面积情况一览表

年份	森林覆盖率(%)	人均公园绿地面积（平方米）	城市园林绿地面积（公顷）	城市公园绿地面积（公顷）
2006	66.1	6.64	589	91
2007	63.80	6.46	589	91
2008	63.9	4.38	591	91
2009	69.68	6.13	575	91
2010	69.68	5.51	606	91
2011	72.05	9.18	1138	260

数据来源：2007 年—2012 年《广西统计年鉴》

近年来，贺州展开矿产资源开发秩序的治理整顿工作，严厉打击非法采选矿行为，努力建立长效管理机制；加强城市环境综合治理，开展了"贺江清新行动"，贺江水质有较大改善，积极部署开展"清洁城镇乡村建设美丽贺州"活动，深入推进"桂东文明绿洲"建设，生态环境质量提高。"十一五"期间，组织实施了新一轮土地利用和矿产资源总体规划。严格执行耕地保护法，保持耕地总量动态平衡。大力开展植树造林，加强生态公益林、自然保护区建设，实施退耕还林、珠江防护

昭平县城污水处理厂

贺州市部署开展"清洁城镇乡村，建设美丽贺州"活动

林、农村沼气等重点生态工程建设；累计建设沼气池 16.1 万座，沼气入户率达到 57.6%，连续 5 年居全区前列。

强力推进节能减排，全面完成自治区下达的"十一五"节能减排和淘

贺州市干部群众清理江河岸边垃圾

汰落后产能任务，重点行业、企业能耗水平和排污强度实现较大幅度下降。建成污水处理厂 5 个、垃圾填埋场 4 个，中心城区污水集中处理率达到 80%，各县城达到 60%，生活垃圾无害化处理率均达到 100%。持续开展重点河流、湖库、矿山和城镇农村环境综合治理，"贺江清新"行动取得新进展。2012 年，贺州在生态建设方面，开创了新局面，全面实施了"十二五"节能减排综合性工作方案。

贺州市领导接待来访群众

（六）社会安全稳定状况良好

贺州高度重视加强社会治安、食品药品安全和安全生产工作，力争为经济社会各项事业的发展提供良好的社会环境。通过先后组织开展打击"两抢两盗""平安贺州""三无村屯（社区）""春季

贺州市公安局举行追缴脏物返还大会

攻势"等专项集中行动，贺州全面推进了社会治安综合治理，使得社会治安状况明显好转。通过扎实开展"矛盾纠纷大排查、领导干部大接访、政策法律大宣讲"活动，使得信访来访批数和人次分别下降58.2%和53.1%。此外，贺州还积极开展加强安全生产的专项整治活动，加强产品质量和食品药品的监督管理工作，深入实施药品、食品放心工程，确保了安全生产形势不断好转，保障了人民群众的健康和安全，公众安全感和满意度明显提升。

第四章

贺州市发展循环经济的现状及制约因素

一、贺州市循环经济发展现状

为发挥后发优势，实现后发崛起，通过深入实施"工业立贺、富民强市"发展战略，打造广西新兴工业城市，贺州稳步推进循环经济发展。2011年2月28日，在富川瑶族自治县莲山镇举行了广西贺州华润循环经济产业示范区奠基暨华润雪花啤酒（广西）项目启动仪式，标志着贺州循环经济发展迈出了重要的实质性步伐。目前，通过以发展循环工业为主体，以发展循环农业为基础，以发展循环服务业为纽带，统筹城乡和经济社会的循环发展，加快落实循环经济发展规划，贺州初步构建起了企业小循环、园区中循环、社会大循环的循环经济发展格局。

（一）循环工业发展现状

构建资源消耗少、污染排放低以及经济效益好的工业循环体系是发展循环经济的关键。近年来，贺州市深入实施"工业立贺、富民强市"战略，全力培育壮大了矿业、电力、电子以及林产等支柱产业。与此同时，贺州还不断完善产业配套，积极拓展产业链条，逐步推进工业园区建设。此外，贺州还不断努力增强优势企业的规模和效益，努力培育产业集群。贺州在发展循环工业方面将清洁生产深入贯彻到各行业企业内部生产的各个环节，实现企业小循环。确保生态工业园区内的资源废物循环利用，从而实现园区中循环。

华润循环经济产业园区开工典礼

1. 大力开展清洁生产，实现企业小循环

随着贺州华润循环经济产业示范区的逐步建成，通过大力开展清洁生产，华润电厂、华润水泥厂和华润啤酒厂等龙头企业已初步实现了企业内部小循环。以华润电厂为例，通过配置高效静电除尘器，从而确保了烟气处理系统的总除尘效率达到99.88%。通过采用石灰石－石膏湿法烟气脱硫装置，保证脱硫效率达到99.77%。锅炉给水系统选用汽动给水泵，取消了电动给水泵，既节约了投资、简化了给水操作台，节省用电。通过建立重复用水系统，实现重复使用和梯次用水。

同样，通过采用高新技术，华润水泥厂和啤酒厂均实现了节能减排、降低成本、提高效益的目标。通过采用低温余热技术，水泥厂实际年少购电量为5363万千瓦时，每年能耗（标准煤）可减少19192吨，二氧化

1 华润（富川）火电厂主厂区
2 华润（富川）水泥厂全景
3 华润（富川）雪花啤酒厂主厂区

碳排放量可减少 4.7 万吨。通过采用新型麦汁过滤槽、新型煮沸强制内加热及其他节能型加热、冷却设备、新型环保型制冷剂、无菌灌装技术以及生物制剂酶制剂等和其它加工助剂等清洁生产技术和设备。年产 20 万吨啤酒的华润啤酒厂的排水水量仅为 120 万吨，按啤酒生产污水处理年运行时间 7000 小时，电厂机组年运行时间为 5500 小时，污水回用系统年运行时间为 5500 小时，处理水量 300 立方米／小时，年可供给电厂中水约 120 万吨。通过运用高新技术，开展科技创新，将清洁生产贯彻到生产活动的每个环节，这三大龙头企业已初步实现了企业内部的小循环。

2. 协作共赢，实现园区中循环

贺州通过资源共享、延长产业链、优势互补、相互促进，共同打造循环经济互促发展的产业集群，包括华润循环经济产业示范区、旺高工业区、电子科技生态产业园以及信都工业区在内的工业园区不仅实现了园区内部的循环，而且实现了园区间的循环。

华润循环经济产业示范区与其他园区的整合与协作，通过按照循环经济发展模式，建立起以电力、水泥、啤酒生产为主，包括发电、粉煤灰、炉渣、脱硫石膏综合利用制造水泥，水泥、啤酒余热利用，工业废水处理与综合利用的循环经济生产体系。使产业基地生产项目形成高度关联的产业链，产品与废弃物互为资源充分利用，实现固体废弃物零排放的循环经济体系（见图 4-1）。在循环经济产业示范区，华润水泥厂、华润电厂和华润啤酒厂通过积极利用各项先进生产工艺，不断采用节水、节能以及降耗的措施，在企业内部，实现了最大程度的小循环，达到了降低消耗、提高利用率和降低排放率的目标。与此同时，三个工厂凭借变废为宝的循环以及协同生产，实现了园区中循环。这样，既最大程度地减少了资源的重复投入，土地占用率高的问题也得到有效解决。此外，还初步实现了污染物和废弃物的零排放[1]。

---

1 钟振. 循环经济引领工业新城崛起 [J]. 当代广西，2012（12）:28-29.

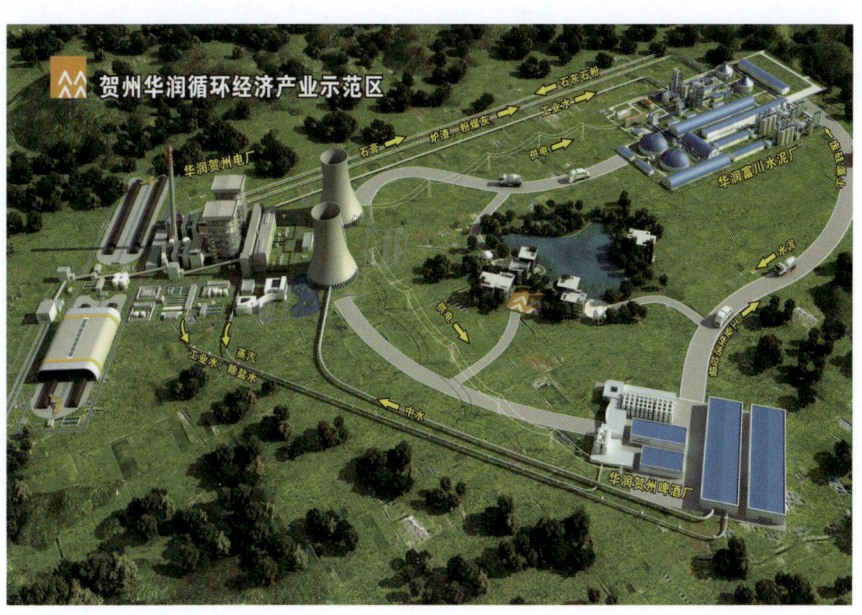

贺州华润循环经济产业示范区效果图

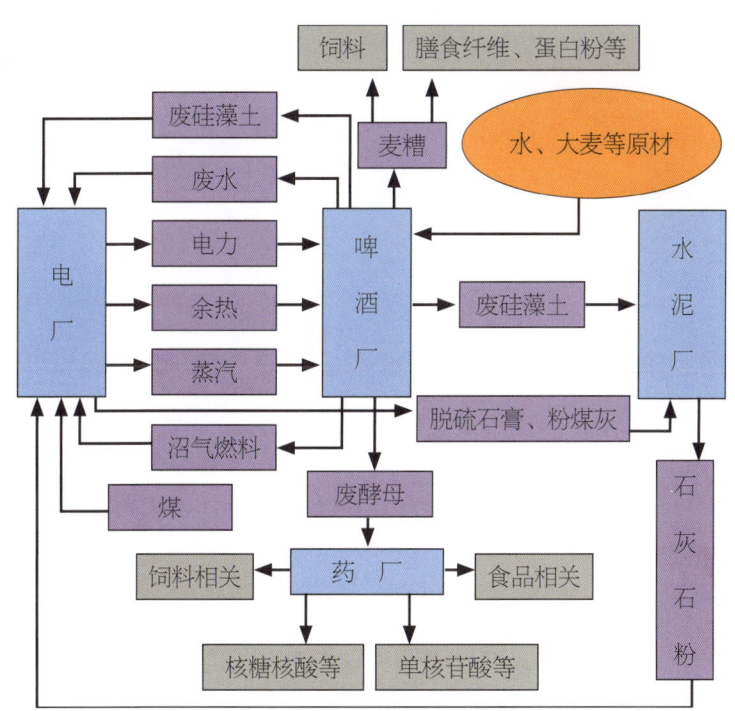

图4-1：园区中循环示意图

资料来源：《广西贺州华润循环经济示范区发展规划》

贺州旺高工业区全景

　　作为自治区级的工业园区，通过大力采用"园中园"的开发模式，旺高工业区将"旺高工业区钨钛锡新材料产业园"和"旺高工业区稀土功能材料产业园"建设作为工作的主要着力点。同时，它还重点发展了华润制药及配套产业以及化工产业和食品深加工产业，在食品工业、生物制药以及饲料行业中，综合利用华润啤酒厂排放的啤酒酵母和啤酒糟。

　　在贺州电子科技生态产业园区，不断延展"电－再生钢"以及"电－铝"等电力产业链和"铝光箔－电子铝箔－相关铝产品"的铝电子产业链。这样，就提高了资源的综合利用率。在西湾（平桂）工业园，这一产业链逐步形成，即板材加工－石材工艺品－粉体－高端化工产品的大理石产业链。总之，在该生态产业园区内，循环经济的效益蒸蒸日上，循环产业效益也得到大幅提高。

　　以华润产业循环经济示范园的发展为例，已建成投产的华润电厂、啤酒厂以及水泥厂三者相互协作，形成产业链，不仅节约了生产成本，保护了环境，而且也提高了经济效益。电厂可用废热的能源利用效率将从目前的不足2%提升至15%，华润贺州电厂、贺州啤酒厂、富川水泥

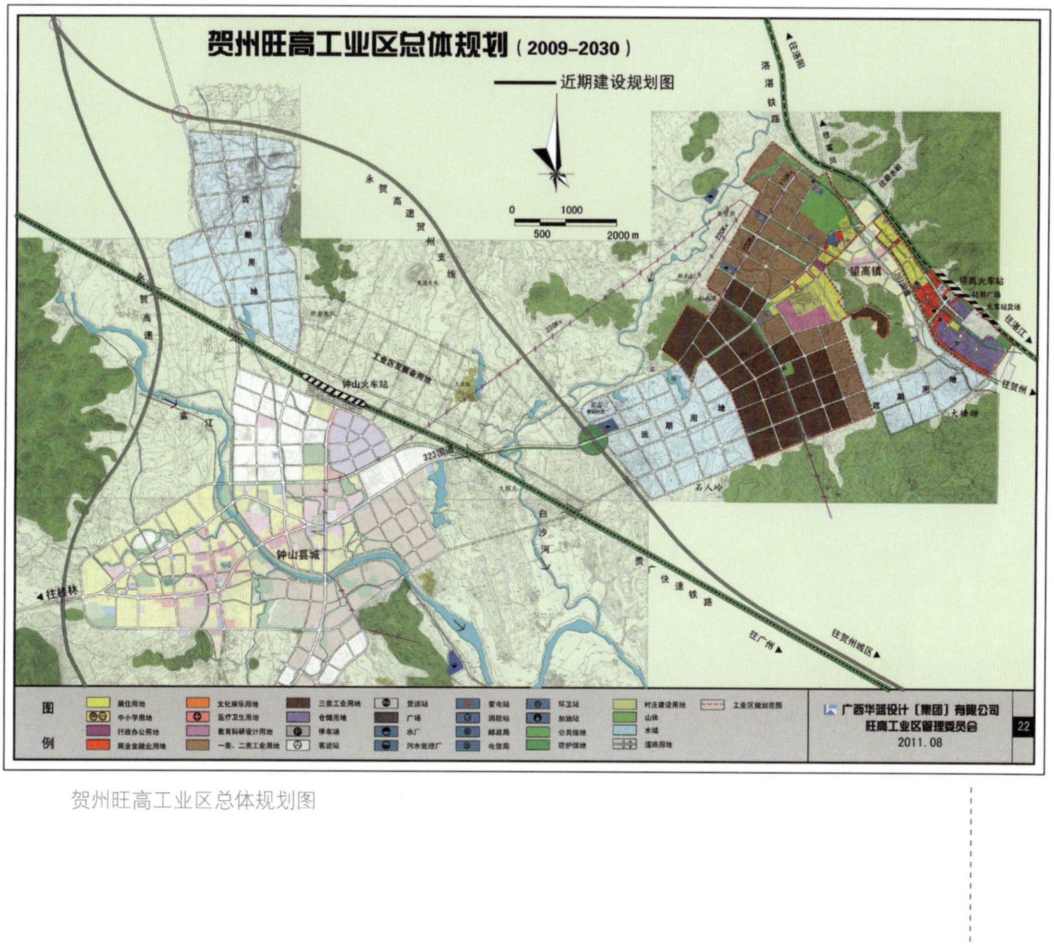

贺州旺高工业区总体规划图

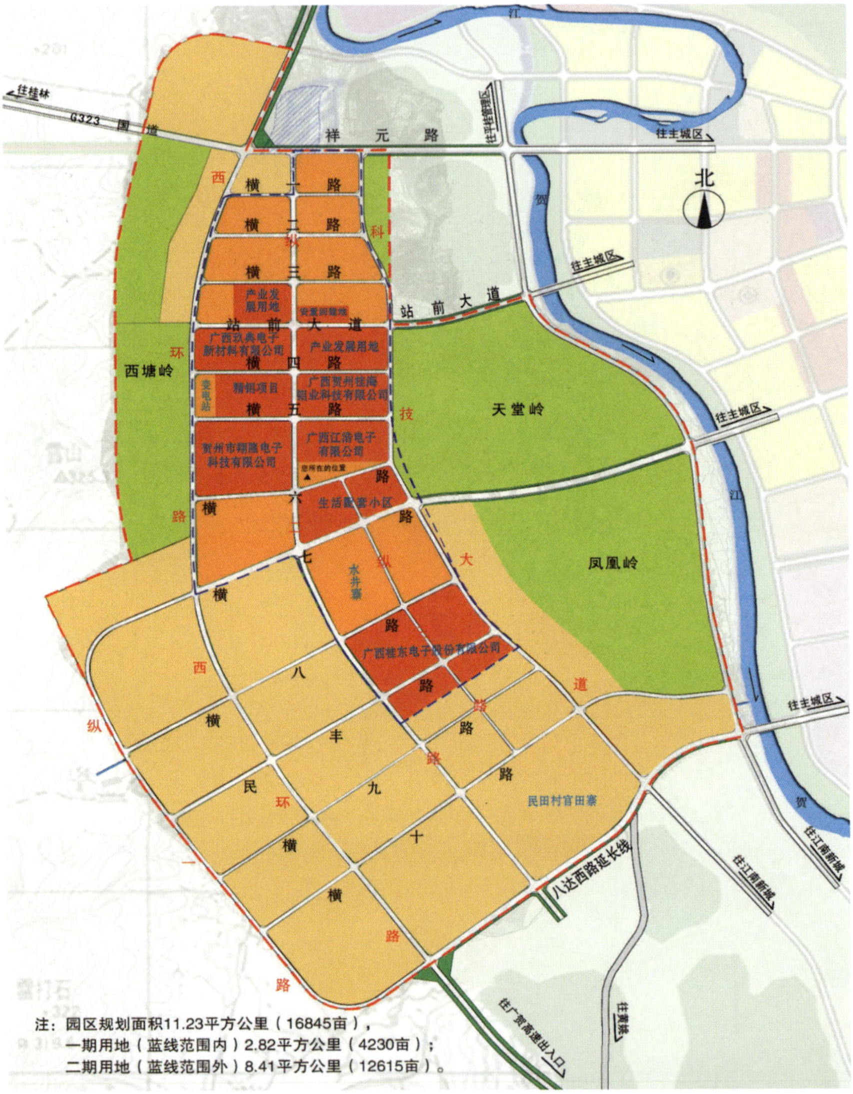

往桂林　G323　园　横

西　横　一　路

横　二　路

横　三　路

祥　元　路

往主城区

北

产业发展用地

广西玖典电子
新材料科技公司

精铝项目

贺州市翔隆电子
科技有限公司

横　四　路

横　五　路

横　六　路

横　七　路

站前大道

站前大道

产业发展用地

广西贺州连海
网业科技有限公司

广西江清电子
有限公司

您所在的位置

生活配套小区

水井寨

广西桂东电子股份有限公司

西塘岭

科

技

路

大

道

天堂岭

凤凰岭

西　横

八　横

民　环

九　横

十

丰

路

路

路

民田村官田寨

八达西路延长线

往主城区

往主城区

西　纵
一

环

横

路

注：园区规划面积11.23平方公里（16845亩），
一期用地（蓝线范围内）2.82平方公里（4230亩）；
二期用地（蓝线范围外）8.41平方公里（12615亩）。

贺州电子科技生态产业园规划图

位于西湾工业区的科隆工业园

厂相互协作，合计节省生产成本 14681 万元。每年减少原煤消耗 1.6 万吨、烟尘排放 3200 吨、污水排放 362 万吨。减排二氧化硫 57610 吨、粉

桂东电子公司

尘 59432 吨、氮氧化物 4250 吨、二氧化碳 73 万吨。目前，这四大工业园区每年直接产生效益 200 多亿元。随着进一步推广清洁生产技术，加强园区协作，深化产业链的衔接，贺州必将在发展循环工业方面大有作为。

（二）循环农业发展现状

2010 年，贺州市委、市政府出台了关于《大力发展循环经济，推动贺州科学发展跨越发展的决定》的文件。同时，还制定了《十二五贺州市循环农业发展规划》，贺州市众志成城地紧密结合"三农"工作，努力探索循环农业发展模式。目前，社会各界对发展循环农业已形成广泛共识。通过大力推进现代农业发展，打造绿色农产品生产基地，贺州发展生态农业的成绩节节攀升。

在发展循环农业方面，贺州通过以出口农产品质量安全示范区建设、农村沼气池建设和农村电气化建设为突破口，形成了"猪－沼－果"、"猪－沼－菜"、"猪－沼－茶"、"稻－灯－鱼"、"稻－菇－稻"、"种植（桔杆）－养殖－种植"、"猪－沼－果－灯－鱼（鳖）"、"林下养殖"、"发酵床养殖"等农业循环经济发展模式，覆盖面积达 50 多万亩。贺州在全区率先建成了出口农产品质量安全示范区，实现了农村家居清洁化、庭院经济高效化、农业生产无害化、产品营销品牌

富川县"猪-沼-果"循环农业发展模式

无公害蔬菜基地

化，走出了一条具有贺州特色的循环农业之路[1]。目前，贺州市已建成了优质蔬菜、脐橙、茶叶、马蹄、梅李、烟叶、红瓜子、瘦肉型猪和优质肉牛、速丰林和松脂林等十大优势农产品商品基地，每年约有200万头生猪、上千万羽家禽、上亿公斤蔬菜销往广东和港澳地区，已成为名符其实的粤港澳绿色"菜篮子"、"肉篮子"、"果篮子"。

近年来，贺州市立足当地实际，用农业循环经济的理念指导农业及相关产业发展，大力推广和发展农业循环经济。通过围绕"办好工业促农业""工业抓农业""用办工商企业的以市场为导向"这一主题，通过以传统基础产业为依托，以建设特色、高效、生态、品牌农业为重点，

1　广西贺州：努力探索循环农业发展模式 [BE/OL].http://gx.people.com.cn，2011-12-09.

不断推进农业企业化生产。

目前，全市农业企业已发展到1500多家，其中国家重点龙头企业1家、自治区级重点龙头企业9家、市级重点龙头企业40多家，农业龙头企业在粮油加工、果蔬加工、林畜产品加工、农产品产销等方面发挥了重要作用，推动全市农业产业向纵深方向发展，农业产业化经营年带动农户数达到16万户。

1 香芋基地

2 富川春烤烟标准化生产基地

3 杨梅

4 八步区茄子种植基地

1 马蹄加工　　　　　　　　2 昭平县黄姚古镇居民在晾晒豆豉
3 广东温氏集团瘦肉型养殖基地　4 林下养鸡

　　贺州积极推进"以林蓄水、以电生财、以财补林、以水发电"的林电循环经济产业链的建设，带动了经济林和生态公益林的发展。目前，贺州市有林面积86.54万公顷，活立木总蓄积量3400万立方米，全市森林覆盖率达到72.73%，林下种植、林下养殖、林下产品加工、林下旅游等林下经济年收入达到13亿元以上，并通过开发精深加工产品，不断减少林木的消耗量，做到森林资源培育、加工利用、销售创收等环节相互促进、共同发展，形成了林纸、林板、林化良性发展的循环体系。

　　贺州还积极拓宽农业功能和领域，探索出一条农业旅游与地方传统文化相互支撑、农业旅游和特色农业相互推进以及农业旅游与新农村建设相互促进的科学发展道路。目前，贺州市已建成11个自治区级和国家级的农业生态旅游示范点，90个农业生态旅游园。

1 昭平县高山茶园

2 昭平县积极推广新技术，不断提高昭平茶品质，图为茶叶专家对各茶企业生产的茶叶进行评比

3 安装在茶园里的太阳能灭虫灯　　4 昭平县将军峰茶业有限公司生产车间

```
┌──────────────┐
│   特色农业    │────┐           ┌──────────────┐
└──────────────┘    │           │ 农业旅游基础设 │
                    ▼           │   施建设      │
                ┌──────────┐    └──────────────┘
┌──────────────┐│ 农业生态游 │◄───────┘
│  地方传统文化  │└──────────┘
└──────────────┘    ▲
                    │
┌──────────────┐  ┌──────────────┐
│  新农村建设   │◄─│  社会经济效益  │
└──────────────┘  └──────────────┘
```

图 4-2：农业生态游示意图

（三）循环服务业发展现状

大力推进现代服务业发展，努力打造华南生态旅游名城和商贸物流基地。贺州积极把加快发展现代服务业作为加快转变发展方式和调整产业结构的着力点和突破口，围绕服务循环社会发展需求，进一步改善

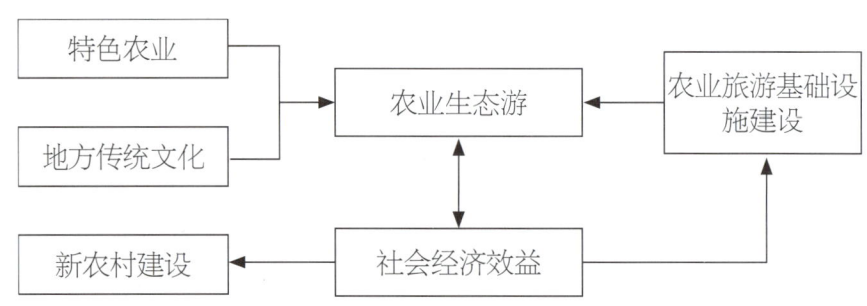

1 贺州市到台湾举办文化旅游推介活动　2 贺州市到区内外举办旅游推介活动
3 游客在玉石林景区游览

客家围屋

服务基础设施，优化服务业结构。重点发展循环旅游业，构建了融"吃、住、行、游、购、娱"于一体的产业链。这样，通过逐步改善桂台（贺州）客家文化旅游合作示范区的基础设施建设，贺州市的旅游资源也得以有效整合。经过多年的努力，贺州成功打造了姑婆山、大桂山、黄姚古镇等一批精品景点。建市以来，贺州市旅游业接待国内游客数及国内旅游收入每年均保持较大幅度的增长，到 2012 年接待国内游客数

富川县秀水村农家乐饭店

贺州温泉

达 811.9 万人次，国内旅游收入达 72.6 亿元。2013 年，全市接待游客 1030 万人次，增长 26.8%，旅游总收入 101.6 亿元，增长 39.3%。

贺州还大力发展商贸物流业，全面提升商贸服务质量和水平。通过积极推进新区商贸业的发展，不断提升老城区商贸业的实力，贺州精心培育出了数个别具风格的商业中心。加强了贺州与全国尤其是粤港澳物流企业的合作，加大了物流基础设施建设和网点布局，多层次、社会化、专业化物流网络体系初步形成。积极发展其他服务业，加快"引银入贺"步伐，吸引国内外金融机构在贺州开设分支机构。充分发挥投融资公司的平台作用，不断拓宽资金融通渠道。规范中介服务业发展，积极发展社区服务业。目前，贺州市第三产业生产总值比重达到 33.6%。

（四）循环社会发展现状

城市生活垃圾和废物的再利用、再循环，产品在消费流程的每个环节的物质循环是建设资源循环型循环社会的必然要求。近年来，通过建立城市生活垃圾以及其他废物分类和回收再利用系统，建成污水处理厂，完善废物循环再利用的服务系统，贺州初步实现了社会层面的循环发展。近几年来，贺州生活垃圾无害化处理率均达到 95% 以上，2009 年、2010 年、2011 年分别为 100%、100%、97.53%。

洛湛铁路贺州段

1 广贺高速公路　　2 桂梧高速公路　　3 贺州港昭平作业区

　　同样，城镇居民也积极参与到循环社会的建设中去，奉行绿色消费的理念，节水节能，虽然历年贺州市城市人均日生活用水量起伏不定，但总体上呈递减趋势。贺州市民正以自己的行动，奉行节约与绿色生活的理念，积极投入到资源节约型的循环社会的建设当中去。

二、贺州市发展循环经济的制约因素

　　虽然，贺州已初步建立起了企业小循环、园区中循环、社会大循环的循环经济发展格局，但是，也存在各种各样的问题，如：经济总量偏小现状还没有根本改变，产业结构有待优化；群众受教育程度偏低，高端人才紧缺；土地供给不足、环境约束趋紧，制约着项目建设快速推进；节能降耗与经济增长矛盾突出，电力供应紧张，对工业发展造成较大影响；群众收入提高不快，城乡差距仍有待缩小，改善民生的压力大。

（一）经济发展缺乏大型企业支撑

贺州虽然已初步建立了工业主导型的循环经济发展格局，但资源性工业比重较大，工业经济总量小，与发达地市和全区平均水平相比，仍有很大差距。产业集中度不高，产业链条短，产业优势不够突出仍是制约贺州发展循环经济的客观条件之一。2011 年，在贺州市 4200 多家企业中，规模以上工业企业只有 152 家，占全部工业总产值的 43.2%。从表 4-1 看，2002—2010 年来，贺州规模以上的工业企业发展仍相对缓慢。

表 4-1　2002 年—2010 年，贺州的工业企业数

年份	工业企业单位数（规模以上）	大型工业企业数	规模以上中型工业企业数	规模以上小型工业企业数
2002	105	1	6	98
2003	85	—	6	79
2004	105	0	8	97
2005	112	98	8	104
2006	127	—	8	105
2007	129	1	8	120
2008	145	—	12	133
2009	149	1	18	130
2010	150	—		

注：数据来源：2003 年—2011 年《广西统计年鉴》；"—"表示无数据来源。

从表 4-1，不难看出，贺州的工业企业数量偏少，龙头企业规模小，辐射能力弱，集聚能力弱。企业的自主创新能力和中小企业专业化程度也有待提升。因此，贺州市当前和今后一个时期最紧迫的战略任务要积极促进以循环工业为重点的工业化，从而实现贺州的跨越式发展。

（二）产业结构不尽合理

合理的产业结构是发展循环经济的有力支柱，产业结构的优化升级是实现经济增长方式根本性转变的前提。因此，发展循环经济必然要求改进产业结构。反观贺州的经济社会发展状况，虽然其产业结构优化为

2012 年的 21.7 : 46.7 : 31.6，基本形成工业主导型经济。但是，贺州的一二三大产业的结构都存在结构单一、产业链条有待延伸的问题。

虽然在特色农业、品牌工业以及农业企业化方面，贺州都取得了可喜的成就，但是，农产品的结构的协调度却有待提升，主要表现为以生产低质量的初级产品和传统产品为主，农产品深加工、产业化不足，技术含量以及相应的附加值仍有巨大的开发空间。

工业发展方面，贺州的工业发展仍处于资源型、原料型的产业格局。电子科技生态产业园区、西湾（平桂）工业园以及信都工业园基本是以本地的资源禀赋为基础发展起来的，缺乏深加工工业、尤其是精加工业的企业。

贺州新兴服务业的发展仍比较滞后。近年来，在发展旅游、拉动消费方面，贺州取得的成绩有目共睹。但是，仅仅以餐饮、购物为主体的服务业并不能完全跟上现代服务业的发展步伐。现代经济的长足发展，要求与之相适应的信贷、金融、保险和物流等新兴服务业的发展。

（三）高端人才缺乏

贺州科技教育基础薄弱，高素质人才匮乏，严重制约了推动循环经济向高端发展。虽然自 2003 年以来，贺州逐年增加对科研的投入。但是，贺州市整体人文素质还不高，从事社会科学和自然科学研究的能力整体还较薄弱，科学成果也不突出。

贺州学院是贺州唯一一所高校，其前身是梧州师范高等专科学校，2006 年升格为本科院校。目前，该校仅有 33 个本科专业、35 个高职高专专业，在校生刚超过 1 万人，专任教师 500 多人，2013 年才启动硕士点建设，说明贺州的高等教育比较落后。据统计，贺州总人口有 220 多万人，每万人中本科、硕士以及博士的比例仅分别为 4.1%、0.37% 以及 0.028%，说明贺州的科技教育基础十分薄弱，高素质人才的稀缺，导致科学研究与经济社会发展需要脱轨，必将严重制约贺州循环经济的发展。

（四）污染问题严峻

贺州华润（富川）水泥公司 2010 年处于试产阶段，2011 年进入正式投产，据推算，华润水泥（富川）公司全年综合能源消费量达 22 万吨标准煤，在没有基数的情况下，拉动贺州万元工业增加值能耗大幅增长。据统计，2011 年，贺州市规模以上工业综合能源消费量同比增长 85% 以上，万元工业增加值能耗同比上升 45% 以上，节能减排压力巨大。目前，贺州低端的高能耗企业占企业总量的 52.3%，资源产出率仅为 11.4%，高于全国资源产出率近 5%。但中国的资源产出率仅为美国的 28.6%，欧盟的四分之一，日本的五分之一。因此，降低能耗、提高资源产出率是摆在贺州面前的重要任务之一。

此外，贺州仍未从根本上扭转粗放型的经济发展方式。比如：石材加工企业污染源点多面广，城市生活污染治理任务艰巨、酸雨污染严重。如（表 4-2）所示，2003 年以来，贺州在经济发展过程中，"三废"综合利用、工业废水排放达标率等指标并不乐观，仍造成极大的环境污染。

表 4-2 2003 年—2010 年，贺州工业污染物的排放与环保治理投入情况一览表

年份	城市环境设施投资额度（万元）	"三废"综合利用产品产值（万元）	工业废水排放达标率（%）	工业二氧化硫去除量（吨）	工业二氧化硫排放量（吨）	污染源治理本年投资额（万元）	工业烟尘去除量（吨）	工业烟尘排放量（吨）
2003	110	1105	96.81	1432	16982	1729	52015	17025
2004	10887	2520	10.0	58777	19187	3541	59	139
2005	3190	532	94.4	547	22911	—	46435	18052
2006	2317	1141	97.6	743	22420	1752	46441	18109
2007	2809	628	97.8	822	16286	1860	49857	9721
2008	—	1459	96.7	570	22282	—	9926	4994
2009	—	5449	77.7	1468	28738	—	7946	8228
2010	—	4976	95.8	1468	26667	—	7946	7682

注：数据来源：2004 年—2011 年《广西统计年鉴》；"—"表示无数据来源。

（五）生态环境恶化严重

近年来，贺州不断推进城镇化和工业化建设，土地资源的利用强度不断加大，造成了地力不断下降。目前，贺州中低产田耕地面积约58230.5公顷，占耕地总面积的六成以上，水田缺磷、缺钾面积占水田面积50%左右，60%的旱地土壤有机质小于2%，受毁林（草）垦荒、矿产开发等人为活动的影响，水土流失面积仍不断增加。20世纪90年代末，贺州水土流失面积达350多万亩，占贺州市土地总面积的11.8%，年平均增加水土流失面积11万亩。据统计，2008年贺州市水土流失面积46300公顷，占土地总面积的4%，其中流失强度为轻度的40100公顷，中等的5500公顷，强度的700公顷。

此外，贺州上游工业企业开发导致的水质污染，石材加工、非法采选矿所造成的环境破坏等问题导致市域森林资源的生态效益、生物多样性保护和城市生态状况都面临很大的压力。从贺州石材工业看，贺州的石材加工企业的规模小，有些甚至是家庭作坊式作业。全市范围内，规模以上小型石材加工企业总数仅8家，而不成规模的企业总量数以千计。这些小企业，设备简单，工艺粗糙，乱排乱放情况非常严重，有效治理的难度又相当大，对生态的破坏非常严重。

（六）社会基础薄弱

贺州在促进就业、提高居民收入等方面，虽然取得了显著的成绩。但与全国平均水平相比，仍亟待改善。以城乡居民收入为例，自2002年以来，贺州城乡居民的收入取得了突破性的增长，但是，城乡发展差距仍有待缩小；城乡居民的收入仍低于全国平均水平。如（表4-3）所示，2002年以来，贺州的城镇居民家庭人均可支配收入和农村居民家庭人均纯收入均低于全国平均水平，城乡居民人均可支配收入之比一直维持在3∶1以上的水平。因此，贺州必须进一步促进各项社会事业的发展，夯实发展循环经济的社会基础。

表 4-3　贺州城乡家庭人均纯收入与全国城乡家庭人均纯收入对比表

年份	贺州城镇居民家庭人均可支配收入（元／人）	贺州农村居民家庭人均纯收入（元／人）	贺州城乡居民人均可支配收入之比	全国城镇居民家庭人均可支配收入（元／人）	全国农村居民家庭人均纯收入（元／人）
2002	7029	1793	4∶1	7702	2475
2003	7612	1893	4∶1	8500	2622
2004	6305	2090	3∶1	9422	2936
2005	7516	2351	3.4∶1	10493	3254
2006	10612	2682	4∶1	11749.5	3587
2007	11069	3093	3.3∶1	13786	4140
2008	12272	3458	3.5∶1	15780	4761
2009	14151	3776	4∶1	17175	5153
2010	15802	4298	3.5∶1	19109	5919
2011	17606	4963	3.2∶1	—	—

注：数据来源：2003 年—2012 年《广西统计年鉴》；"—"表示无数据来源。

此外，部分市民生态理念较为薄弱，对生态文明建设的认识不足；文化生态研究有待深入，历史民族文化项目有待进一步开发；基础设施不完善，公共服务保障能力不足；中心城市辐射带动能力不强，城镇化水平有待进一步提高；金融体制不畅，企业融资难等均是制约贺州循环经济发展的因素。

第五章

国内外发展循环经济的实践及借鉴

一、国外发展循环经济的实践

美国是世界上最早开始探索和实践循环经济的发达国家之一。循环经济的萌芽，就是来自于 1962 年美国经济学家鲍尔丁的《宇宙飞船经济学》。经过几十年的发展，循环经济已成为美国国民经济生活中不可缺少的一部分。

（一）美国发展循环经济的实践

1. 美国循环经济发展的历程

美国循环经济由萌芽阶段、开启阶段到发展阶段，经历了以生态、环保理念为基础的环保运动到扎扎实实开展循环经济的过程。

20 世纪 60 年代之前，美国由于拥有相对丰富的自然资源、能源，资源能源的价格也低廉，虽然其工业化进程中时有水污染、环境污染事件发生，但总体上影响并不大，还没有引起人们的高度关注。但当时美国还是意识到了环境问题，并于 1886 年就制定了保护水和环境资源方面的法规，此时美国的环保意识也仅仅处于朦胧的阶段。

20 世纪 60 年代初到 70 年代末，虽然美国经济快速发展，但带来了严重的环境问题。重工业和电力工业的高速发展，排放大量的废气、废水，废料和垃圾堆积如山。在严峻的环境问题面前，美国从联邦到州、市各级地方政府开始重视环境保护，通过颁布了环境保护法律法规，成立相应环境管理机构，加大了治理的力度。

20 世纪 80 年代以后，美国政府开始规划转变传统的经济增长方式，强调从源头上治理污染，根据发展循环经济的需要制定或修订了系列法律、法规，例如：1990 年的《污染预防法》、2000 年的《有机农业法》、2001 年的《能源政策法》等，并提出了许多发展循环经济的理念和措施，例如：从末端治理到源头控制，从局部管理到全程控制，兼顾行政手段与市场机制。美国政府还通过重新调整产业结构，合理布局和发展环保产业，以提高经济效益、防止环境污染。

2. 美国循环经济发展模式

（1）杜邦模式：企业内部循环。在微观层面，杜邦化学公司是美国典型的企业内部循环经济模式。在该模式下，实现企业内各部门或者工艺之间的物质和能源的循环，一是将流失的物料收回后作为原料。二是将生产的废料做处理后作为原料或原料替代物返回原生产流程。三是将生产的废料处理后作为其它生产过程的原料[1]。通过这三种方式，一方面节约生产过程中物料和能源的使用量，控制废弃物的排放，另一方面延长生产链，最大限度地利用资源。20世纪80年代末以来，杜邦公司创造性地把循环经济"3R"原则发展成为与化学工业相结合的"3R制造法"，加强了对废弃物的循环利用，大大减少化学物质的使用量，到1994年已经使生产造成的塑料废弃物减少了25%，空气污染物排放量减少了70%[2]。目前，很多美国企业也纷纷效仿杜邦公司，实行了企业内部的物质和能量的循环。

（2）中观模式：生态工业园区。在中观层面，美国主要由联邦政府推动物质循环利用的生态工业园区建设，使一家企业的废弃物或副产品成为另一家企业的原材料或能源，形成企业之间的互相依赖关系，不仅减少了废弃物的排放量，还节省了生产成本，达到了经济发展和环境保护的双赢和良性的循环。比如：在美国密西西比州中部的乔克托县建立的生态工业园区，可进行废物、废热等交换。该园区以俄克何拉马州大量的废弃轮胎为原料，采用高新技术将废弃轮胎分解，转化为炭黑、朔化剂和废热等再生产品，进而进一步衍生出不同的产品链，并与废水处理系统构成了一张生态工业网[3]。

（3）宏观模式：循环型社会。从宏观层面看，美国的循环经济发

---

1 张杨 . 循环经济概论 [M]. 长沙：湖南人民出版社，2005:240.

2 刘坡 . 天津市循环经济发展路径探讨 [D]. 天津：天津工业大学，2007.

3 王晓冬 . 国外循环经济发展经验一种制度经济学的分析 [D]. 长春：吉林大学，2010.

展模式包括循环型生产和循环消费。循环型生产是指在生产领域将生产产生的废弃物或旧产品回收再利用，重新作为生产原料投入生产。目前，美国的循环经济已涉及炼铁、塑料、造纸、橡胶、家电、计算机设备、家居用品、办公设备等多个行业。循环消费是指当一件物品被淘汰时，先考虑对其他人是否有使用价值，如果有，根据其使用价值转让给其他人使用，真正做到物尽其用。为提高人们的环保意识，促进循环消费，美国政府把每年 11 月 15 日定为"回收利用日"。美国人开展循环消费的渠道很多，有庭院市场、旧物店以及网上旧物买卖。循环消费已成为美国经济社会生活中的不可缺少的一部分。

3. 美国发展循环经济的政策措施

美国作为发展循环经济的先行者，经过几十年的发展，循环经济发展已走在了世界前列，其发展措施也有其独到之处。

（1）注重制定循环经济法律法规。美国在循环经济立法方面十分完善。自 20 世纪 70 年代，美国就开始了发展循环经济立法，目前已形成了主要体现节约能源、合理利用现有资源和促进可再生能源的开发利用为核心的促进循环经济发展法律体系。美国循环经济的法律法规包括四个层次：综合性法律法规；专项性法律法规；在其他法律法规中包含循环经济发展的规定；州政府制定的法律法规。

（2）充分发挥市场机制的调节作用。运用市场机制来制定相关政策，对再生产品价格进行调节，激励和约束市场主体行为，协调利益关系和管理排污问题，使企业及广大民众更加注重环保，以实现行动参与循环经济的发展。

（3）完善各项配套措施。通过政府奖励、税收优惠、政府采购、收费制度等一系列措施促进循环经济的发展。比如：通过设立"总统绿色化学挑战奖"，支持化学工艺新方法的创新；为可再生能源的项目提供抵税优惠、提高抵税优惠额度，消费者购买节能设备可获抵税优惠；

制定政府采购政策，要求政府使用再生的材料和产品；制定针对非环保行为的收费政策[1]。

（4）重视公众舆论的培养与宣传。一方面，通过宣传教育逐步提高人们的节约和环境意识。如：纽约市卫生局专门设立了物品交换电话服务，通过数据库，免费提供1万多家机构有关捐献、收购、租赁、修理旧货的录音信息。另一方面，通过法律和经济手段对影响环境的消费行为加以约束。在日常生活中，人们把废弃的金属、玻璃、塑料、纸制品等分类丢弃在不同的垃圾箱里，已经成为自觉的行动[2]。

（二）德国发展循环经济的实践

德国是欧洲国家中循环经济发展意识最强、发展水平最高的国家之一。德国循环经济开始于对垃圾的处理，然后逐步扩展到生产和消费领域。德国在循环经济理论研究与实践经验等方面都具有自身的特色，形成了较为完整的循环经济体系。

1. 德国循环经济发展的历程

20世纪50年代初到70年代末，德国为了恢复经济，采取了优先发展经济的战略，经济得以高速发展，但带来了环境、生态等问题，空气、土壤、水源等遭受严重污染，河流、湖海等水域的生物急剧减少。20世纪70年代以后，德国的环境污染问题终引起了人们的关注。德国政府也开始重视环境问题，经济发展战略转向经济与环境的协调发展，并制定了一系列环境保护政策、规划以及实施方案，但这一阶段的政策及立法的重点是对垃圾的末端治理。

进入80年代，德国认识到垃圾末端处理存在诸多弊端，由末端治理转向源头控制，即通过解决垃圾的减量和再利用问题，实现生态与经

1　陈茂辉.广东：美国循环经济经验对我市的启示 [EB/OL].http://www.wangxiao.cn，2006-11-16.

2　美国发展循环经济的做法及启示 [EB/OL].http://www.macrochina.com.cn，2007-03-20.

济发展相协调。这一阶段，德国通过颁布一系列法律、法规及实施措施，从处理垃圾入手，通过关闭垃圾堆放场，建立垃圾中心处理站，并实施技术创新，改进废弃物收集、运输和处理的技术，逐步解决水污染、大气污染及土地污染等问题。

90 年代以后，德国政府制定了许多新的能源、环境、生态及资源政策，不断完善法律制度和政府的管理制度、执行机制。通过政府、企业和国民的密切合作，循环经济在德国得到全方位的发展，特别是垃圾处理与资源回收方面取得巨大成就。据统计，2000 年，德国 50% 的生活垃圾得到再利用，包装纸和废旧玻璃的回收率达到 80%，废纸回收率达到 60%，建筑废物回收率达到 90%，冶金行业产生的矿渣中 95% 的粉尘与 70% 以上的矿泥被重新利用 [1]。

2. 德国循环经济的发展模式

（1）微观模式：企业内部循环。德国企业层面循环经济模式主要是推行清洁生产。通过开发和利用先进生产技术，实现企业内部各生产工艺之间的物料循环，减少原料、能源的使用量，减少废弃物的排放甚至实现零排放。比如：德国的鲁德尔道夫水泥股份有限公司，通过使各车间聚集在巨大的碾磨车间周围，进行物料的交换与循环；同时采用先进技术，最大限度减少噪音、空气、水的污染 [2]。

（2）中观模式：共生企业园区。德国的共生企业园区以中心管理组织为核心，把不同的企业联接起来形成资源共享和物质循环的共生产业链条，使一个企业的废热、废气、废水等成为其他企业的原料或能源，形成资源的循环利用，达到提高资源利用率和保护环境的目的。比如：以采煤、钢铁、化学、机械制造等重工业为核心的德国最大工业区之一的鲁尔工业区，经过政府的改造，通过煤钢、煤化、煤电联营和钢铁与

1　刘坡 . 天津市循环经济发展路径探讨 [D]. 天津：天津工业大学，2007.

2　王晓冬 . 国外循环经济发展经验一种制度经济学的分析 [D]. 长春：吉林大学，2010.

机械联营等多种形式使企业间保持密切的协作关系，建立了物质循环系统，促进了资源的高效利用，实现了可持续发展[1]。

（3）宏观模式：生产和消费的循环。德国循环经济的宏观模式最大的特点在于建立完备的垃圾回收组织管理体系。从 1990 年开始，德国 90 多家生产企业、商业企业及垃圾回收部门，在德国工业联邦联合会和德国工商会的倡导下，联合建立了二元系统公司，专门对包装废弃物进行回收利用。

在德国所有在包装上印有"绿点"商标的销售包装，都由该公司负责对包装废弃物进行分类，之后分送到厂家进行循环利用，有效地提高了资源的利用率。目前德国拥有 210 家分类车间，可以对 250 万吨的轻包装物进行分类处理[2]。

3. 德国发展循环经济的保障措施

德国发展循环经济的保障措施主要有三个方面。一是通过全面系统的立法，保障循环经济的发展。二是积极推进科学研究和技术进步，构建循环经济发展的技术支撑体系。三是加强全民教育宣传，提高民众对资源节约、环境保护等方面的认识。

（1）法律保障。德国是世界上最早进行循环经济立法的国家之一。其最早的立法是 1935 年颁布的《自然保护法》，但真正意义上的环境保护法律则是二战以后的立法，到目前已形成条款严密、结构完善的循环经济法律体系。德国通过在三个层次加强循环经济立法来保障循环经济战略目标的实现：一是循环经济法律法规，主要包括循环经济基本法律。二是各种条例，主要是联邦、州及地方制定的具体条例。三是指南，即关于某些法律条文在实施过程中的具体操作规定。

（2）技术保障。德国在循环经济发展中投入大量的资金进行技术

1　冯春萍. 德国鲁尔工业区持续发展的成功经验 [J]. 石油化工技术经济，2003, 2.

2　张伟. 产业集群与循环经济的关系研究 [D]. 北京：北京交通大学，2010.

研发与革新，清洁生产技术、再生能源利用技术、无害化处理技术、废旧电器回收综合利用技术、零排放技术的等均保持在世界领先水平。比如：在清洁生产技术方面，德国通过颁布《可再生能源法》，实现清洁生产的全过程控制；在废弃物回收利用方面，德国通过颁布《循环经济和废弃物管理法》强调废弃物的处理方式和程序，并建立相应的工艺标准和技术指导。

（3）教育保障。德国还通过规范和强化教育，使循环经济理念渗透到社会各阶层，促进民众转变传统的生产和消费理念，形成发展循环经济的浓厚社会氛围，积极参与循环经济发展的实践。德国民间也成立了各类非正式组织，宣传循环经济理念，呼吁环保，监督污染和浪费行为，为推动循环经济的发展营造良好的氛围。

（三）日本发展循环经济的实践

日本作为最早探索循环经济发展模式的国家之一，通过科学的制度安排、适当的战略措施，经过多年的发展，也成为世界上循环经济发展成效最为显著的国家之一。

1. 日本发展循环经济的基本历程

20世纪50年代后期开始，日本为了修复战争创伤，大力发展经济，不重视环保，采取大生产、高消耗、高排放的经济发展模式。60年代后半期，日本经济快速发展，工业化进程显著提升，但对生态环境造成了严重的污染。此时，日本政府意识到了环境保护的重要性，加紧了环境立法，并设立专门的环境管理机构。

20世纪80年代，日本基本转变了传统的经济发展模式，初步形成节能减排的经济发展模式。人们开始认识到了治理污染的重要性，也开始注重对废弃物的处置和再利用。企业也开始积极探索节能、减排、废弃物再利用的生产方式，注重从源头上防止污染的产生。日本的循环经济进入稳步持续发展的阶段。

进入 90 年代，日本循环经济理念已经全面形成，政府出台了一系列的环境政策法规，以实现全面建设循环型社会的目标。在立法上，日本政府先后颁布了《环境基本法》、《推进循环型社会形成基本法》等法律法规，加强了对以循环经济为核心的循环型社会战略的实施。通过建立循环经济法律法规体系及经济政策体系，日本循环经济发展进入了快速提升阶段[1]。

2. 日本循环经济的发展模式

（1）微观模式：生态型企业。日本运用循环经济理论、生态学理论指导生态型企业的运行，对企业的原料采购、产品设计、清洁采购、清洁制造、产品销售等各环节实行全过程环境管理。同时，通过开发现代生产技术，对企业生产中产生的副产品、废弃物进行综合处理和回收利用。最为典型的是对企业实施的"逆向制造"，即提倡企业生产高质量和耐用的通用零部件，使这些零部件在整机报废后，不用经过循环再造直接回流到新产品的装配线[2]。

（2）中观模式：生态工业园区。1997 年，日本就开始规划和建设生态工业园区，实现园区内各企业间物质、能量的交换，把一个企业产生的废弃物或副产品作为另一个企业的原材料投入，形成企业间相互联系、相互依存关系，最大限度提高资源、能量的利用率和降低废弃物的排放。日本的生态工业园区的建设以地方政府为主体，中央和地方政府共同管理，企业、研究机构、行政部门积极参与，形成了"官－产－学一体化"的管理和运作模式[3]。

（3）宏观模式：循环型社会。循环型社会是循环经济思想的发展和深化，通过遵循生态学规律，合理循环利用资源，抑制废弃物的产生

1 魏全平. 日本的循环经济 [M]. 上海：上海人民出版社，2006:3-5.

2 王晓冬. 国外循环经济发展经验一种制度经济学的分析 [D]. 长春：吉林大学，2010.

3 张伟. 产业集群与循环经济的关系研究 [D]. 北京：北京交通大学，2010.

并合理处置和利用废弃物，最大限度减少环境负荷，体现人与自然、人与人之间全面和谐的社会。20 世纪 90 年代开始，日本把建立循环型社会作为实施可持续发展的重要战略，从法律上确立建设循环型社会的行为准则，实施"谁生产销售，谁回收利用"的法规，实现了报废产品的回收利用，大部分变为可再生资源。

3. 日本发展循环经济的制度保障

（1）法律制度。20 世纪 60 年代开始，日本着手制定废弃物循环利用相关法律制度。日本循环经济立法主要立足于对市场主体权利和义务的设置，集中在废弃物的循环及相关资源的综合循环利用方面。日本环境立法还注重建立整体化的法律体系架构，同时配以相应的实施条例及实施措施。循环经济法律体系由基本法、综合法、专项法共同组成。其中，基本法有《环境基本法》、《循环型社会形成推进基本法》等；综合法有《资源有效利用促进法》、《废弃物处理法》、《固体废弃物管理和公共清洁法》等；专项法有《家用电器回收法》、《建筑材料循环法》、《绿色采购法》等。

（2）经济政策。日本在发展循环经济、构建循环型社会的过程中，主要包括税收、价格、政府采购、金融等政策。税收优惠政策主要通过低税、返税等鼓励企业的环保行为。价格补贴主要是采取财政补贴鼓励企业进行有关循环经济的研发与实践。比如：对引进先进能源设备的企业予以一定的补贴。政府采购优先购买能够减少环境负荷的，有利于环保的产品。金融政策方面，政府对企业相关设备改进及更新给予一定的金融支持。比如：对引进和实施 3R 技术设备的企业提供低息贷款。此外，日本政府还规定对消费者废弃旧家电等废弃产品实行收费制度。

（3）环保教育。日本采取了多领域的环境教育，促进了循环经济的发展，提高了广大民众的环保意识。日本通过广播、电视、杂志、报纸、网络等各种媒体对发展循环经济，建构循环型社会进行宣传，以提高国民的环保意识，积极参与到循环经济实践。同时还在互联网上开设绿色购物网络、绿色消费者全国网等平台为消费者提供绿色商品信息[1]。

二、国外发展循环经济实践对贺州市的借鉴意义

他山之石，可以攻玉。美国、德国、日本循环经济发展的成功做法和经验，为贺州发展循环经济提供有益借鉴和启示。近年来，贺州在大力发展循环经济方面取得了不错的成效，但传统的高消耗、高排放、低效率的粗放型经济增长方式仍未根本转变，资源利用率低、环境污染大、生态破坏严重等问题依然存在。贺州在发展循环经济过程中，要借鉴发达国家的成功做法和经验，以充分发挥后发优势，实现跨越发展。

（一）制定和完善支持循环经济发展的相关政策

循环经济作为一种新型的经济发展模式，离不开相关政策甚至是优惠政策的引导和支持，政府应该尽可能为企业参与循环经济发展创造良好环境，形成有利于促进循环经济发展的体制机制和政策环境。制定产业政策，鼓励资源回收利用产业、环保型产业、低能耗产业、循环利用资源产业等产业的发展。灵活运用税收、财政、价格等经济政策来激励和刺激贺州循环经济的发展。比如：对资源消耗量大的消费品，如一次性木筷、饮料容器、高档建筑装饰材料等征收较高消费税，对资源消耗量小、循环利用资源生产的产品和不会对环境造成污染产品征收较低的消费税；对购买用再生资源及污染控制型设备的企业给予一定的财政补贴；对利用清洁生产技术和控制污染技术设备的企业可以规定设备的折旧适当提前；通过完善制度，规范各级政府的购买行为，要求优先采购利用再生资源生产的或采用清洁生产技术生产的环保型产品。

1　王晓冬 . 国外循环经济发展经验一种制度经济学的分析 [D]. 长春：吉林大学，2010.

（二）建立健全循环经济发展的技术支撑体系

循环经济的发展说到底要靠科学技术进步和创新，建立和完善科学技术创新机制是贺州发展循环经济的关键所在。应通过树立自主创新意识、塑造自主创新主体、培育自主创新机制、营造自主创新环境等措施，不断促进科学技术的进步与创新，以便建立起包括清洁生产技术、水重复利用技术、能源综合利用技术、资源回收与再循环技术等在内的循环经济的技术支持体系，为贺州循环经济的发展提供新的工艺、新的手段和新的方法，达到降低生产过程能耗和物耗，提高资源综合利用率。比如：推广现有技术或引进更先进技术，落实废纸、废金属、粉煤灰、废渣和煤渣的回收利用；加强科技研发，推动固体废弃物处理技术的实施；加强对生活垃圾填埋、焚烧、生化处置等，促进无害化处置。加快推进工业节能、节水技术的利用。

（三）构建循环经济发展的社会支撑体系

发展循环经济是一个多环节、多层次的系统工程，需要全社会的参与，形成合力。贺州在循环经济发展过程中，应根据本地的实际情况，大力发挥企业和公众的作用，有效推动循环经济的发展。政府要在政策上鼓励建立服务于循环经济发展的社会中介组织，提倡公众参与，组织开展形式多样的宣传培训活动，引导全社会树立正确的消费观，形成节约资源和保护环境的生活方式和消费模式。在宣传教育上，可以将循环经济的理念纳入各级各类学校教育教学的课程，以教育影响学生，以学生影响家长，以家庭影响社会；充分利用电视、网络、报纸、杂志、户外广告、日历卡、公交车、垃圾箱等不同的载体进行宣传，同时还应注意针对不同阶层的人员，采取不同文字的宣传材料和宣传形式，寓教于乐，宣传要做到趣味性和持久性相结合[1]。

1　吴大华.国外循环经济实践的经验与启示 [J].昆明理工大学学报·社科（法学）版，2007（11）:5.

三、国内城市发展循环经济的实践

（一）贵港市发展循环经济的成功实践

贵港国家生态工业（制糖）示范园区是是在广西贵糖（集团）股份有限公司的基础上建立起来的，是国内最典型、最早的生态工业园区之一。广西贵糖（集团）股份有限公司由广西贵港甘蔗化工厂独家发起定向募集改组创立。其前身是广西贵县糖厂，于1956年建成投产，是国家"一五"期间的156个重点建设项目之一。贵糖集团是中国目前最大的机制糖企业之一，也是广西较完整的甘蔗综合利用基地[1]。

贵糖集团是一家以甘蔗为原料的大型化工企业，以制糖、酒精和造纸为主导产业，曾是贵港地区的污染大户。"九五"期间，贵糖集团共投入7000多万元，对各生产环节的废弃物进行全面综合治理和利用。贵糖集团凭借其技术优势和规模优势，已形成两条主要的工业生态链：甘蔗制糖－废蜜糖制造酒精－酒精废液制造有机复合肥，甘蔗制糖－蔗渣造纸－黑液碱回收，这两条生态链构成了制糖、造纸、酒精、水泥、复合肥的工业共生体系，创造了非常可观的经济效益和环境效益[2]。

2000年，贵港市在中国环科院的协助下，编制了《贵港国家生态工业（制糖）示范园区建设规划纲要》，要以贵糖集团为核心，建立一个蔗田、制糖、酒精、造纸、热电、环境综合处理六大系统组成的生态工业网络[3]。园区内各系统之间通过中间产品和废弃物的相互交换形成完整、闭合的生态工业网络，使资源得到最佳配置、废弃物得到最有效

1　韦青松.基于广西贵港糖业集团股份有限公司循环经济的技术创新研究[D].南宁：广西民族大学，2008.

2　赵永新.生态工业园区：可持续发展的战略抉择[N].人民日报.2001-09-05.

3　刘忠.建设贵港国家生态工业（制糖）示范园区[BE/OL].http://www.gdei.gov.cn，2006-01-18.

的循环利用，充分实现了资源共享[1]。

2002 年，国家环保局将贵港生态工业园正式确认为国家生态工业示范园区，并以挂牌昭示。这标志着我国第一个国家生态工业（制糖）示范园区在广西贵港市宣布成立。该示范园区的建设是贵港市加快我国制糖产业结构调整、解决产业结构性污染，使传统产业通过调整、组合焕发新的活力的一种全新产业发展模式。

（二）贵阳市发展循环经济的成功实践

"十五"之初，贵阳市的经济增长在很大程度上依靠对磷、煤、铝等不可再生资源进行采掘和初加工，表现出强烈的"高资源投入，高污染排放"特征，是一种典型的粗放式资源依赖型发展模式。从 1978 年到 2000 年，主要资源投入量年均增长达 6％左右，远远高于全国平均水平。

面对愈加脆弱的生态，需要寻找一条符合科学发展观的可持续发展之路，贵阳市委、市政府将发展的目光注视到当时在全世界范围内都属于经济发展最新理念的循环经济上。通过对市情的深入研究，贵阳市委、市政府认为，循环经济的理念非常符合贵阳的实情，大力发展循环经济也是可持续发展观的集中体现。于是，从 2000 年起，贵阳就先于全国其它城市开始探索循环经济的发展，提出了"环境立市"的发展战略，先后实施了以清洁能源、企业达标为主要内容的大气环境质量整治工程。2002 年，贵阳市委、市政府做出了将贵阳市建设成全国首批循环经济城市的重大战略决策，提出了把贵阳市建设成为循环经济城市的总体目标。

贵阳循环经济城市建设过程分为三个阶段：第一阶段（2005 年以前）是循环经济试点和基础建设阶段，第二阶段（2006—2010 年）是重点建设、

1　生态工业园成功案例介绍——贵港国家生态工业（制糖）示范园区 [BE/OL].
http://gg163.net，2008-3-12.

跨越发展阶段，第三阶段（2011—2020 年）是全面提高、协调发展阶段[1]。

近 10 年的实践，贵阳作为全国首批循环经济试点城市和联合国环境规划署全球唯一确认的循环经济试点城市，通过科学规划、系统思考、政府强力推进，走出了一条资源集约型、环境友好型的发展道路。

为避免循环经济产业在发展中的盲目性、随意性和无序性，自 2002 年起，贵阳市先后委托清华大学和中国环境科学研究院编制完成了《贵阳市循环经济生态城市建设总体规划》、《贵阳磷化工生态工业园区规划》、《贵阳开阳磷煤化工（国家）生态工业示范基地规划》等一系列重要规划。其中，总体规划是"1237"目标体系：即"实现一个目标，抓住两个关键环节，构建三个核心系统，推进七大循环体系建设"。"实现一个目标"，就是建设生态经济市；"抓住两个关键环节"，就是转变生产环节模式和消费环节模式；"构建三个核心系统"，就是构建循环经济产业系统、城市基础设施系统和生态保障系统；"推进七大循环体系建设"，就是建设磷产业循环体系、铝产业循环体系、中草药产业循环体系、煤产业循环体系、生态农业循环体系、建筑与城市基础设施产业循环体系、旅游和循环经济服务产业体系[2]。

四、国内循环经济发展实践对贺州市的借鉴意义

（一）建立发展循环经济产业体系

贵港、贵阳循环经济发展之所以取得巨大的成功，其中市委、市政府高度重视制定详细的发展规划是关键。近年来，贺州也根据自身循环经济发展实际，制定出台了《贺州市生态市建设规划（2010—

1 赵一勤.贵阳入选国家级循环经济城市成功的实例研究 [J].技术经济，2006（2）:17-18.

2 赵一勤.贵阳入选国家级循环经济城市成功的实例研究 [J].技术经济，2006（2）:17-18.

2020）》、《贺州市循环经济发展规划》、《广西贺州华润循环经济产业示范区规划》等综合性规划或园区专项规划，对发展循环经济起到了很好的促进作用。但是，发展循环经济是一个系统的工程，涉及到所有的行业，为了促进循环经济形成统一的产业体系，还需在综合性规划的基础上制定行业循环经济发展的详细规划或实施方案。

经过多年的探索和实践，利用自身的资源优势，生态优势，贺州市建立起了电力、林产、矿业、电子、新材料五大支柱产业和食品、药品为特色产业的产业发展体系。贺州发展循环经济要依托自身的产业基础、技术条件和资源禀赋，通过对传统产业的培育和改造，发展新兴技术产业，培养成为发展循环经济的生力军。工业方面，围绕龙头产业和特色产业，重点以电力、水泥，铝产品加工，石材加工，电子产品制造，金属材制造为核心，构建循环经济产业链。农业方面，要继续推广以"猪－沼－果"、"猪－沼－菜"、林下养殖、发酵床养殖等农业循环经济发展模式；充分发挥林木资源和水电资源优势，继续发展"以林蓄水、以水发电、以电生财、以财补林"的林电循环经济产业链，形成林纸、林板、林化良性发展的循环体系。服务业方面，重点发展以生态旅游观光、生态休闲度假、生态养生保健、生态健康晚年为主的生态健康产业为主的生态旅游业，倡导旅游绿色消费；发展以数字旅游为特征，以金融业、保险业为主体的信息化中介服务业体系等。

循环经济产业体系的构建，要选择一定的先导行业重点培育，通过一定的政策支持，使之在资源重复利用、节能减排和环境保护方面率先达到国家标准，以产生示范和扩散效应，带动其他行业走上循环经济的发展道路。

（二）建设以清洁生产为基础的循环型企业

企业是实施循环经济的微观基础，企业推行清洁生产是发展循环经济的根本。清洁生产强调的是资源削减，是一种整体预防的环境战略，其工作对象是生产过程、产品和服务。推进企业实施清洁生产，从源头减少资源能源投入，通过各工艺之间的物料能量循环，减少物料能量的使用，对生产过程中各种副产物和废物进行回收利用，达到少排放甚至"零排放"目标。近年来，贺州市认真开展了清洁生产重点企业名单的审核工作，经多次筛选，确定重点清洁生产行业为造纸、建材、化工等企业，目前，已有广西贺州金广稀土新材料有限公司等多家企业通过清洁生产审核，对发展循环经济起到了示范的作用。

（三）建立循环经济园区

循环经济园区是发展循环经济的主要形式，合理规划和改造园区内资源流、能源流、信息流和基础设施，研究和建立入园企业的连接关系，通过废物交换、循环利用、清洁生产等手段，形成企业共生和代谢的生态网络。工业园区要抓好项目布局和产业链接，尽可能地做到企业、项目间废物向原材料的转化，集中建设污水处理、中水回用、固体废物处理、热电联供等项目，努力降低资源消耗和废物排放，提高土地利用率和产出率。近年来，贺州以贺州华润循环经济示范区、电子科技生态产业园、旺高工业区、西湾（平桂）工业区、信都经济区、桂台（贺州）客家文化旅游合作示范区六大产业园区为载体的地方特色现代产业体系基本建立，为发展循环经济奠定了基础。

第六章

贺州市发展循环经济的目标、原则及模式

一、贺州市发展循环经济的目标与原则

（一）贺州发展循环经济的总体目标

贺州发展循环经济的总体目标是：高举中国特色社会主义伟大旗帜，以邓小平理论、"三个代表"重要思想和科学发展观为指导，以十八大、十八届三中全会精神为指引，全面落实《党中央、国务院关于深入实施西部大开发战略的若干意见》、《国务院关于进一步促进广西经济社会发展的若干意见》和《国务院关于加快发展循环经济的若干意见》，进一步解放思想、开拓创新，按照"稳中求进、进中求快、快中保好"的主基调，加快转型、保持增速、突出特色，深入实施"工业立贺、富民强市"战略以"减量化、再利用、资源化"为核心，以科技进步和制度创新为动力，以节能、节水、节地和资源综合利用为重点，以低消耗、低排放、高效率为目标，完善与循环经济配套的政策措施，形成政府积极推进、市场有效驱动、公众自觉参与的运行机制，在企业、园区、社会各个层次，大力发展循环经济，着力优化产业结构，着力推进新型工业化，着力提高资源综合利用，着力保护生态环境，着力发展社会事业，着力保障和改善民生，加快把贺州建设成为广西新兴工业城市、桂粤湘区域性交通枢纽、华南生态旅游名城、全国循环经济产业示范区，当好科学发展"特长生"和"上进生"，为全面建成小康社会夯实基础。

（二）贺州发展循环经济的具体目标

1. 贺州发展循环经济的层次目标

（1）微观层面。以企业为主体，选择典型企业，通过产品生态设计、清洁生产等措施进行单个企业的循环生产试点，减少产品和服务中资源和能源的使用量，实现污染物排放的最小化。

（2）中观层面。以经济园区为主体，通过企业间的物质集成、能量集成和信息集成，在企业间形成共生的物质闭路循环和能量多级利用关系，实现资源能源利用的最大化。

（3）宏观层面。以区域社会为主体，通过构建资源节约型和环境友好型的生产模式、消费结构和生活方式，形成全社会共同参与的循环型社会体系，实现经济效益、环境效益和社会效益的最优化。

2. 贺州发展循环经济的产业目标

（1）循环工业。紧紧围绕龙头产业和特色产业发展循环经济，构建循环经济产业链，形成产业联合、集聚，以点带面，促进各产业的协调、可持续发展。以华润核心企业为主导，形成电

嘉宝食品公司马蹄生产车间

力－水泥－墙体材料，电力－啤酒－水泥，啤酒－生化－食品－养殖业等产业链；利用丰富的电力资源，发展铝合金－铝深加工系列产品－高纯铝－电子铝箔；利用丰富的大理石资源优势，发展石材开采－加工－

平桂飞碟股份有限公司电解铝车间

副产品深加工产业链。

（2）循环农业。依托特色农业资源，发展以提高附加值为主的农产品深加工业，形成马蹄加工－马蹄皮提取生物活性成分；茶叶渣－提取茶多酚、多糖，脐橙（蜜橘）加工－脐橙（蜜橘）皮提取精油（水溶性橘黄色），啤酒麦糟－膳食纤维等循环经济产业链。

（3）循环服务业。依托优质的生态环境和丰富的自然禀赋，抓住"桂贺一体化"发展的重大机遇，积极主动地加强与桂林市沟通对接，大力发展主要包括生态旅游观光、生态休闲度假、生态养生保健、生态健康晚年等生态健康产业集群。

1 黄洞月湾景区农家乐餐馆　　2 游客在姑婆山景区漂流　　3 贺州温泉疗养

姑婆山国家森林公园

（三）贺州发展循环经济的基本原则

1.创新发展原则

坚持创新发展原则，必须坚持解放思想，深化改革创新。把解放思想作为发展循环经济的关键，勇于探索，自我加压，抢抓机遇，谋求发展。通过深化改革，增强发展动力，建立符合市场经济要求的循环经济发展机制，形成更具活力的制度保障和政策环境。深入实施科教兴市战略，推进体制机制创新，积极引入现代化的资源深加工技术、循环利用技术、节能技术和信息技术等，增强企业自主创新能力。

2.生态发展原则

坚持生态发展原则，必须转变"高投入、高消耗、高污染、低效益"的发展模式，科学遵循"减量化、资源化、再利用"原则，通过产业结构调整和消费结构升级，不断促进废弃物循环利用和再生利用，通过物质循环和产业共生等手段来优化产业生态链的结构，使传统的发展模式向生态化方向发展，减少进入生产和消费流程的物质量，提高资源利用率、减少资源消耗、降低环境污染，从末端治理转向使废弃物资源化，把经济体系由生产过程粗放的开链变为集约的闭环，形成循环经济的技术体系与产业体系。

3. 统筹发展原则

坚持统筹发展原则，要坚持市场机制和政府宏观调控相结合，明确规定政府、企业、公众在发展循环经济过程中的权利、义务和责任，高度重视政府的宏观引导作用，完善政府行为，以企业为主体，充分发挥市场配置资源的决定性作用，广泛动员企业和群众的主体创造性，形成发展合力。必须突出发展重点，整体推动渐进发展，优先抓好重点企业、重点行业和重点区域循环经济的发展，加强发展循环经济的组织管理体系、信息技术支持体系、政策措施保障体系建设，通过企业、园区、社会三个层面的互动发展、协调发展，推进循环经济发展。

4. 和谐发展原则

坚持和谐发展原则，要正确处理好循环经济与规模经济、生态经济

1 临贺故城　　2 富川县神仙湖

和环境保护的关系，找准发展的正确方向，将发展循环经济与产业结构调整、企业技术进步、节能降耗、资源综合利用、加强企业管理相结合，改变传统的生产模式，增强发展可持续性，实现速度与结构、质量、效益相统一，发展与人口、资源、环境相协调。要坚持以人为本，完善社会保障体系和公共服务体系，建立绿色消费体系和生态社区，不断提高人民的生活水平，建设和谐社会。

二、贺州市发展循环经济的模式

（一）发展循环经济型企业构筑企业小循环

1.矿产资源导向型企业循环模式

（1）矿产资源导向型企业的内涵。矿产资源指经过地质成矿作用，使埋藏于地下或出露于地表、并具有开发利用价值的矿物或有用元素的含量达到具有工业利用价值的集合体。矿产资源是重要的不可再生资源，是社会生产发展的重要物质基础，通常分为能源矿产、金属矿产和非金属矿产三大类。

矿产资源导向型企业是以矿产资源开发利用为起点，完成对资源的深加工、综合利用。资源的减量化、最大限度提高资源利用效率是矿产资源企业的主要目标。从资源开发与利用的角度来看，矿产资源型企业的矿产采掘、选矿和冶炼都处于产业链或产品链的起点，如能合理、高效开发利用资源，相当于从源头上实现资源保护的目标。

（2）矿产资源型企业循环经济模式的特点。矿产资源型企业实施循环经济，通过从源头上减少矿石的开采量，提高尾矿、废渣的利用率，可以最大限度地减少矿产开发对环境

1 金广稀土公司生产的金属铽
2 平桂飞碟公司生产的锡锭
3 金源稀土公司生产的稀土宝石

的破坏，有效缓解经济发展与环境保护的冲突。矿产资源型企业循环经济模式具有如下特点：第一，实现末端治理向源头控制的转变，即资源开采利用的节约与减量化；第二，实现资源的循环利用，通过设计"矿产资源—废弃物—再生资源"反馈式流程，实现由不可再生资源向可再生资源的转化；第三，实现物质、能量的转化，在对资源的开采及加工过程中，可利用先进技术，用余热、余压、余能生产电力和热力[1]。

2. 再生资源加工型企业循环模式

（1）再生资源加工型企业循环模式的内涵。再生资源是指被开发利用并报废后，还可回收反复加工再利用的资源，比如：报废的钢铁、有色金属、稀有金属、塑料、橡胶、纤维、纸张等。

再生资源加工型企业的生产活动包括再生资源的收购、储存、运输、初加工、深加工等。在生产过程中，再生资源加工型企业对废钢铁、废有色金属、废纸、废塑料等废弃物，以成本最小化为原则，进行再回收、

贺州金广稀土新材料有限公司

---

1 王晶. 基于循环经济的企业运行机制、模式及评价研究 [D]. 武汉：华中科技大学，2007.

再处理、再加工，使之成为下游企业生产利用的投入品，以实现资源的循环利用。

（2）再生资源加工型企业循环模式的特点。再生资源加工型企业的主要目标是对再生资源加工处理后能重复利用，达到节约资源的目的。再生资源加工型企业循环模式的特点如下：第一，实现再生资源的产品化，采取一定的工艺，对再生资源进行分离、粉碎、区分、处理、加工等，使之成为其它企业生产用的中间产品，实现资源利用最大化；第二，发挥废旧产品的作用，以能耗最小、环境污染最小为原则，综合考虑废旧产品的可回收性、再制造性和再循环性等因素，对废旧产品进行重新设计、处理、加工，实现废旧产品的循环利用；第三，采用先进的工艺和技术装备实现再生资源的循环利用，以提高再生资源产品的技术含量

1 广西真龙彩印公司生产车间

2 广西长城矿山机械厂制造车间

3 广西八桂新凯骅木业有限公司

和附加值，实现企业利润最大化为目标[1]。

3. 自我延伸型企业循环模式

（1）自我延伸型企业循环模式的内涵。自我延伸型企业是指在对企业在生产过程中自身产生的废弃物，通过企业内部各工艺之间进行物质循环利用，使某一环节产生的废弃物成为另一环节的投入品，以提高资源的使用效率，达到物质能量利用最大化和废弃物排放最小化，最大限度减小对环境的污染。

（2）自我延伸型企业循环模式的特点。自我延伸型企业在企业内部实现物质的循环，将废弃物和副产品多层次循环利用，最大限度减少废弃物排放对环境的影响，其特点体现在以下方面：

第一，自我延伸型企业属某一集团之下，通过延长各企业或生产部门间的资源利用链条，提高资源利用率，减少废弃物排放；第二，在企业内构建由生产者、消费者和分解者三者组成的闭合循环生产食物链，实现生产与环境的生态和谐；第三，企业内生产的废弃物内部消化，生产所需的资源或能源内部供给；第四，实现与主导产业相关的多元产品的生产，实现产品结构多样化，有利于产业结构调整和产业层次升级[2]。

4. 贺州发展矿产资源导向型循环企业的探索与实践

石材资源是贺州市的优势资源，全市石材资源蕴藏十分丰富，主要有大理岩、花岗岩和少量可用作饰面石材的砂岩，拥有华南地区最大的汉白玉大理石矿产资源，储量 26 亿立方米，主要分布在平桂管理区的望高镇和黄田镇，约占全市大理石储量的 76%。

（1）贺州市循环经济型石材加工企业发展现状。第一，企业生产规模不断扩大，生产效益良好。贺州市的石材资源位居广西首位，大理

1　王晶. 基于循环经济的企业运行机制、模式及评价研究 [D]. 武汉：华中科技大学，2007.

2　王晶. 基于循环经济的企业运行机制、模式及评价研究 [D]. 武汉：华中科技大学，2007.

石开采及加工始于上世纪 70 年代末，石材生产加工企业可以分为矿山开采企业、石材加工企业、重钙粉体生产企业三种类型，形成了矿山开采、石材加工、产品销售等较完备的产业链，成为贺州最具特色的重点产业之一。据资料显示，2012 年，全市有大理石矿山企业约 60 家，年开采荒料 50 多万立方米，开采碳酸钙原料和边角废料 220 多万立方米。目前，全市有重质碳酸钙粉体加工企业约 100 家，年产重质碳酸钙粉体能力 600 万吨。2012 年全市生产粉体系列产品 520 万吨，实现工业总产值 27 亿元，实现税金 1.7 亿元，利润 2.6 亿元。

第二，企业数量不断增加，品牌逐渐打响。2005 年，贺州市规划建设西湾（平桂）工业区，占地 173 公顷，开发面积 25 公顷，重点发展大理石板材加工、重钙超细粉等高新技术工业，培育了以板材加工为主的石牛塘石材有限公司、顺路石材公司等一批龙头骨干企业。目前，西湾工业园区集中了近 100 家大理石板材加工企业、30 多家工艺品加工企业，主要生产建筑装饰、园林雕塑、家居美化等产品，大部分产品销往广东、北京、浙江，部分产品远销东南亚。"贺州白"大理石在广东云浮、福建水头已经成为代表广西石材在东部市场的主要品牌。

第三，循环生产模式基本成型，形成了一批骨干企业。贺州石材企业的发展培育了科隆粉体、梅林化工、隆德粉体、江远粉体等一批达国际先进水平的骨干企业。其中，广西贺州市科隆粉体有限公司集矿产开采、粉体加工、超细粉碎技术研发为一体，拥有国内外现代化超细粉生

贺州石材加工企业生产现场

平桂管理区科隆粉体公司石料场

平桂管理区石材企业生产车间

产线二十余条，主要生产和经营重质碳酸钙、表面处理碳酸钙、滑石粉等非金属超细粉，是中国大规模非金属超细粉体生产基地之一，直接参与修订五项国家行业标准。广西贺州梅林化工有限公司是一家集科研、开发、制造、销售于一体的高科技超细粉末的综合型企业，生产线是最新自行研制的处于世界领先水平的 PLC 电脑全自动控制粉磨设备，主要生产销售重质碳酸钙石超细粉、非金属矿石的超细粉等产品，坚持把未来的发展方向引向微细化、专用化、特殊化，推动贺州的粉体行业向高科技方向发展[1]。

（2）贺州市循环经济型石材加工企业发展存在的问题。总体上看，贺州市的石材产业已形成一定规模，呈现了经济总量不断壮大的良好态势，但在发展循环经济型企业方面还存在一些问题。

第一，企业规模小、科技含量低。虽然贺州石材企业很多，但主要以小企业和个体私营企业为主，而且很大一部分企业还处在作坊式的生产阶段，只能生产中低档板材产品，科技含量低，加工技术落后，产品档次低、附加值低，产品同质化、无序竞争等问题严重。

1　黄世中．贺州已成为全国主要的重钙粉体产业集群之一 [BE/OL].http://china.stonebtb.com，2011-2-28.

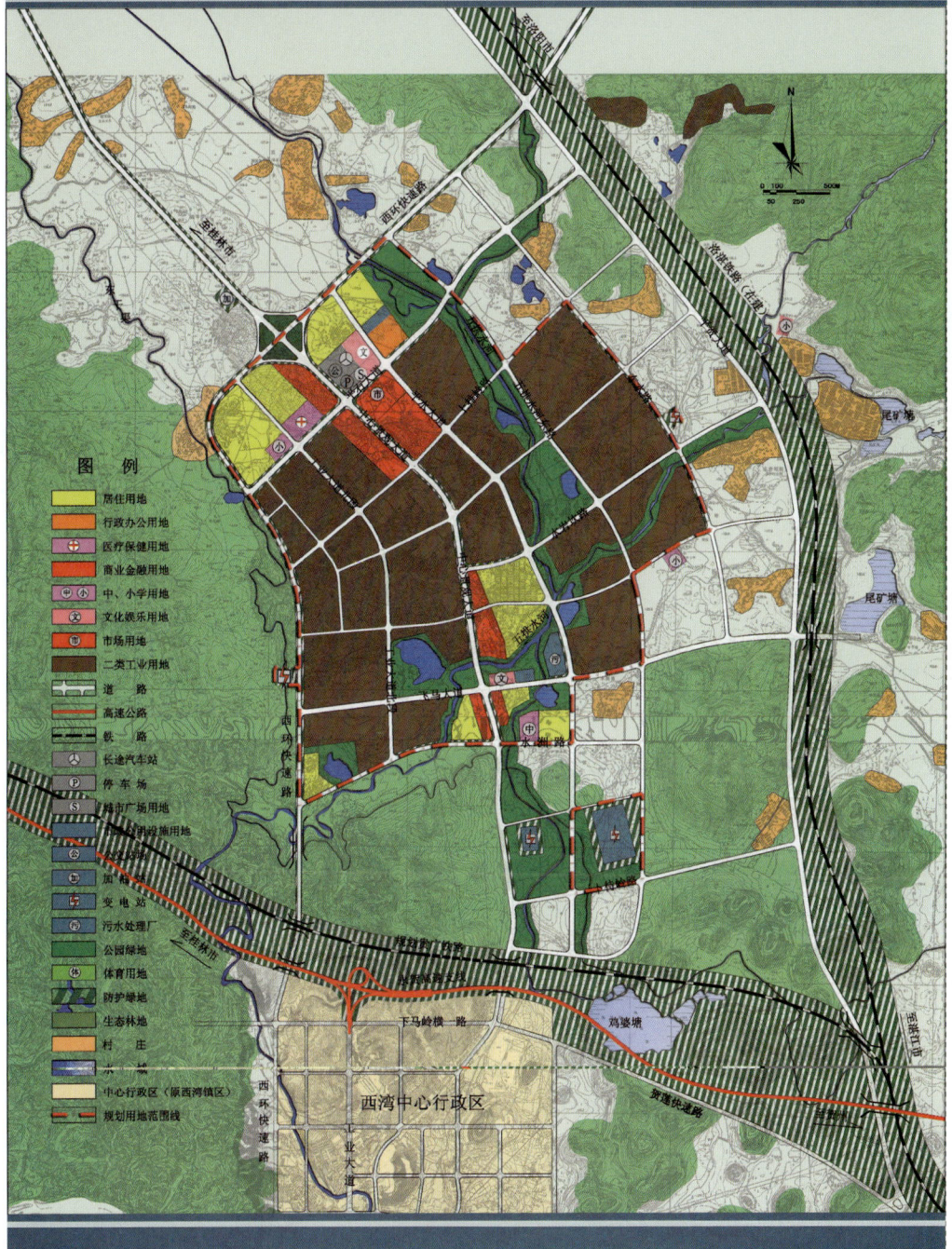

贺州市石材循环经济园区规划图　土地使用规划图

图例

- 居住用地
- 行政办公用地
- 医疗保健用地
- 商业金融用地
- 中、小学用地
- 文化娱乐用地
- 市场用地
- 二类工业用地
- 道路
- 高速公路
- 铁路
- 长途汽车站
- 停车场
- 城市广场用地
- 市政设施用地
- 加油站
- 医院
- 变电站
- 污水处理厂
- 公园绿地
- 体育用地
- 防护绿地
- 生态林地
- 村庄
- 水系
- 中心行政区（原西湾镇区）
- 规划用地范围图线

西湾中心行政区

贺州市石材循环经济园区规划图

第二，产品品种单一，资源利用率不高。贺州市生产的石材产品基本上只有家装用的标准板和茶几、餐桌面板一类，其他薄板、超薄板、工艺、异型材、人造板和雕塑等产品很少。大多数粉体加工企业只能生产用于做填冲料一类的产品，能用于造纸、日化等高档粉体和改性粉体很少，也没有下游产品，产业链短，资源利用率很低，浪费比较严重。

第三，石材加工对环境污染严重。大多企业开采手段较为原始，造成对资源的破坏和浪费，还对矿区地表植被及水土保持造成较为严重的破坏，剥离物的随意堆放，在破坏地表植被的同时也造成了泥石流隐患。石材加工企业用水多取自河水，加工后的废水大多未经处理直接排放到河里，导致水体严重污染。

（3）贺州市发展循环经济型石材加工企业的对策。第一，倡导循环生产方式，开发深加工产品。采取设立产业门槛等一系列措施，鼓励大企业强优企业进入和生产，限制小企业无序、低效开发，防止资源浪费，确保存量资源的合理开发利用。坚持研发、推广低碳技术，转变粗放型发展模式，利用开采和加工中产生的石粉、石渣、粉浆、废料等废弃物生产混凝土骨料、高强度砖、人造石填料、轻质石粉墙体材料、铺路石、路缘石等，达到物质能量利用最大化和废物排放最小化。

第二，加强环境整治，防止生态破坏。进一步加强环境整治，加强对企业环保工作方案落实情况特别是剥离物堆放、污染治理设施运行、植被恢复等情况的督查，对达不到要求的企业立即停业整改，对新建企业要通过环保评估后方可开工生产。

第三，加快资源融合，规范资源开发利用的管理制度。根据矿山开采与加工能力相配套的原则，对现持有采矿证的矿山开采企业逐一进行分析排队，限期达到与开采相配套的加工生产能力，到期达不到的，收回采矿权另行出让，坚决淘汰一批污染重、规模小的石材企业。在政策措施中，要对矿山地质勘察、开发利用、废料处理、环境保护等做出明确规定；对新上矿点年产规模以及技术条件、环保、综合利用、资金保证等相关事项提出明确要求，逐步提高石材矿山产业整体水平。

5. 贺州发展再生资源加工型企业的探索

再生资源包括蕴藏在废旧机电设备、电线电缆、家电、电子产品、金属、塑料、橡胶等资源，对这些再生资源进行再加工，重复利用，可以有效地缓解资源短缺。

贺州市对再生资源的加工利用主要集中在信都工业区，经过多年的发展，建立起比较完善的基础设施和配套服务设施，以及基本配套的环保设施，入园企业达70多家，形成了金属制品、木材深加工等优势产业，正在培育发展建材、精密机械、小五金、家具、物流、食品加工等产业[1]。

信都工业区在开发利用再生资源过程中还存在着许多困难。一是再生资源回收网络体系不健全，没有形成集收购、储运、分拣、拆解、加工为一体的回收体系。本地的回收网点少，收购量不大，主要依赖进口和从外地采购，难以保障再生资源的供应。二是企业技术落后，规模小，

信都工业区桂巽板业生产车间

---

1 八步区信都工业区简介自治区 A 类产业园区 [BR/OL].http://www.xdgyy.gov.cn，2012-10-9.

贺州市循环经济发展研究

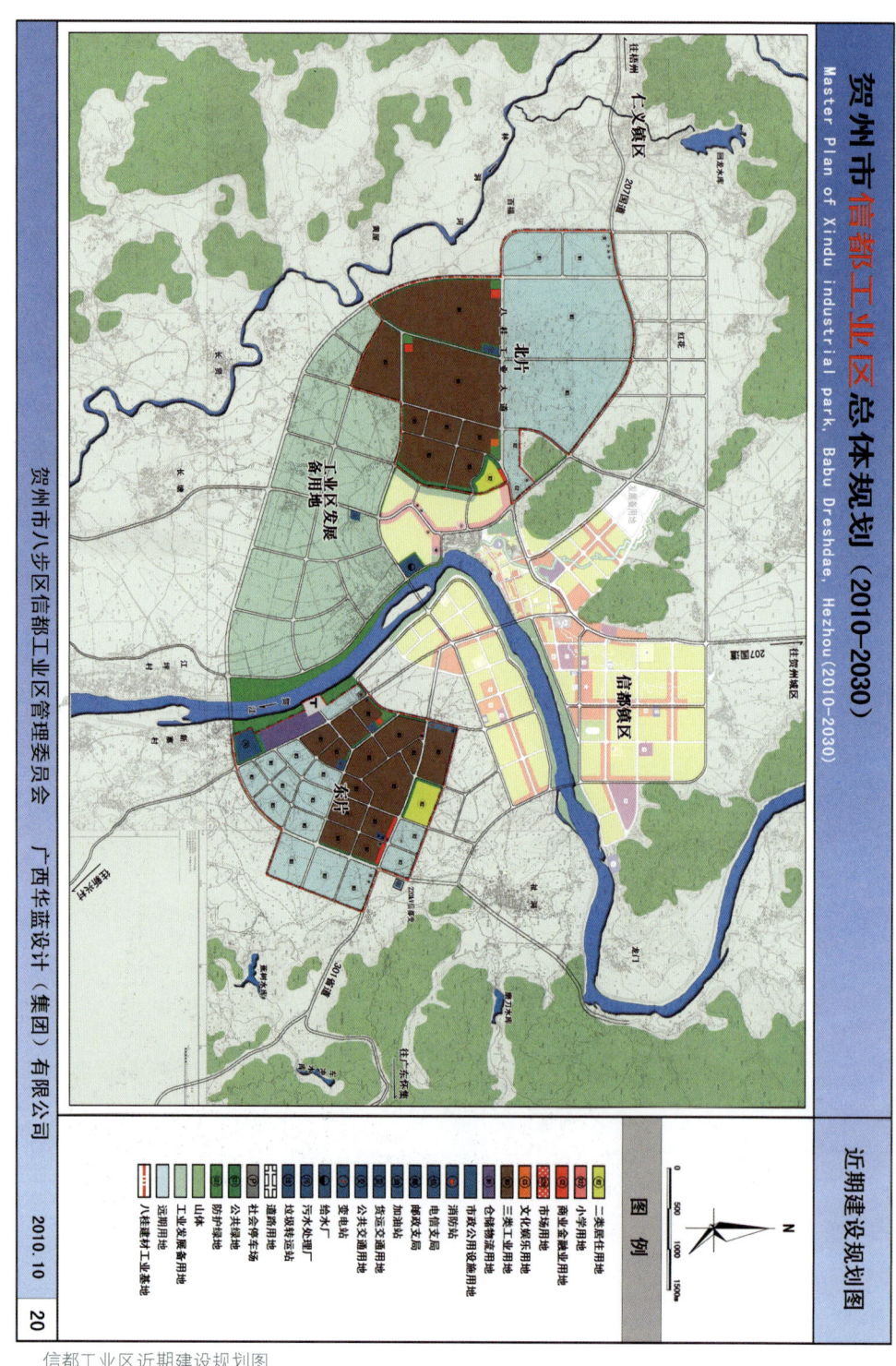

贺州市信都工业区总体规划（2010—2030）

Master Plan of Xindu Industrial park, Babu Dreshdae, Hezhou (2010—2030)

近期建设规划图

贺州市八步区信都工业区管理委员会　广西华蓝设计（集团）有限公司　2010.10　20

信都工业区近期建设规划图

科信达（贺州）金属制品公司

层次低，达不到规模化的生产。三是管理差，缺乏人才。企业依然以家庭式管理为主，缺乏相关的技术人员，效益比较差。

根据贺州市发展循环经济的要求，信都工业区发展再生资源加工型企业，要按照循环经济"减量化、再利用、资源化"的原则，重点开发利用废旧钢铁、有色金属、废旧塑料等再生资源，构建集回收、分拣、拆解、加工、资源化利用和无害化处理的完整生产链，以带动制造业、物流业等相关产业发展。一要通过自建回收网络和利用社会回收平台，形成以社区回收站点和分拣中心为基础、集散市场为重点的再生资源回收网络体系，提高再生资源的利用效率；二要进一步完善企业环保设施，加强对废水、废气和固体废物等废弃物的集中处理，减少对环境的污染；三要对工业区内现有的钢铁企业和五金制品企业进行优化重组，构建布局合理、分工明确、协调发展的产业链，实现企业集群式发展；四要引导企业加大技术改造投入，加快推广应用先进技术设备，淘汰落后生产工艺和陈旧设备，实现再生资源循环利用产业的集约化发展[1]。

（二）贺州发展循环经济型园区构筑区域中循环

区域层面循环经济的实现途径主要是建设循环经济型园区，是依据循环经济理论原理而设计建立的一种新型工业组织形式。废弃物最小化是循环经济型园区最大的特点，园区内一个企业产生的废弃物被作为另一个企业的原材料或能源，通过企业之间物质、能量的交换和循环利用，最大限度地减少园区内污染物的排放甚至达到零排放，有效地保护了环境。

循环经济型园区通过"生产者－消费者－分解者"的循环途径，实现物质闭环循环和能量多级利用，达到物质和能量循环利用的目的，形成可持续发展的经济、生态和社会关系。其主要特征有：第一，循环经济型园区通过企业间物质与能源的循环利用，实现资源的共享，提高了资源的利用效率；第二，循环经济型园区坚持作为一个系统整体与外部环境协调、友好，在发展中不断提高其环境适应力，保证系统的动态平衡，实现与外部环境的稳定和平衡；第三，循环经济型园区在追求个体经济效益的同时，实现系统总体资源的增值和生态经济双赢；第四，循环经济型园区与以往工业生产模式不同，实现了技术方法和机构制度的整合[2]。

在循环经济型园区建设方面，贺州最为成功的是规划建设了贺州华润循环经济产业示范区，该示范区位于贺州富川瑶族自治县境内，规划总面积 12 平方公里。示范区内包括华润水泥（富川）有限公司、华润电力（贺州）有限公司、华润雪花啤酒有限公司等 3 家企业，三家公司

1　古杏全.推动资源循环利用转变经济发展方式——贺州市建设信都城市矿产示范基地的探讨 [J]. 广西经济，2011（6）:44-46.

2　刘炜.科学发展与循环经济模式构建 [M]. 北京：中国经济出版社，2009:156-157.

1 钟山县钟美瓷业生产车间
2 投资 2.5 亿元的贺州 8.554 兆瓦太阳能光伏电站开工仪式
3 仁义打火机生产车间

可以在生产上相互协作，实行办公、服务设施共用，最大限度减少重复投入，减少土地占用，提高设施的使用效率。

示范区内三家企业具体的循环流程是水泥厂向电厂、啤酒厂提供建设用水泥，开矿产生的废弃矿渣则由电厂作为铁路路基填料利用，减少了废渣存放造成的土地占用。电厂脱硫产生的石膏则作为水泥缓凝剂供给水泥厂，煤炭燃烧产生的粉煤灰和炉渣作为水泥的混合材和校正原料，既利用了工业废渣，减少环境污染，又可改善水泥品质。电厂向啤酒厂供应蒸汽，这样啤酒厂便不需另外建设锅炉房，可减少原煤消耗及二氧化硫、烟尘排放。而啤酒厂每年产生的 80 万吨中水，则会供给电厂作为循环水的补充水，节约了水资源，啤酒厂产生的废硅藻土以及水泥厂、电厂、啤酒厂产生的工业、生活垃圾均可投入水泥旋窑作为燃料综合利用[1]。

1　王肖邦 . 贺州华润循环经济产业示范区："变废为宝"式循环 [N]. 第一财经日报，2012-11-19.

1 八步区柳扬电站　　2 桂东电力 220kv 桂水变电站　　3 中国南方电网变电站

其中，2010 年 8 月 16 日正式开工建设的 2×1000MW 超临界燃煤发电机组，属国家鼓励的高效、低耗、符合产业政策的大型发电厂，也是目前广西最大的火力发电机组，于 2012 年 7 月，实现机组首次并网，2012 年 8 月，电机组正式"服役"，负荷达到满出力 1045MW，达到了国内 1000MW 级超超临界机组的优秀水平[1]。2012 年，华润（富川）水泥厂全年满负荷生产，年生产水泥 224.9 万吨，水泥熟料 18.06 万吨，

1　王万程 . 华润（贺州）循环经济产业示范区新引擎启动 [BE/OL].http://www. xjhjsd.com，2012-08-20.

实现工业总产值 5.87 亿元；2012 年，示范区实现工业总产值 17.32 亿元，完成工业增加值 4.8 亿元，实现税收 1.6 亿元；目前，总投资 3 亿元的华润雪花啤酒项目，已完成基础设施建设 [1]。2013 年 1 月，华润雪花啤酒厂投入试生产。

尽管贺州在建设贺州华润循环经济产业示范区方面，为发展循环经济作出了很大的贡献。但要建设好循环经济型园区，实现区域中循环，还需从以下方面努力：

第一，做好循环经济园区发展规划。一是以贺州华润循环经济产业示范园区为依托重点培育以华润电厂、华润水泥和华润雪花啤酒为核心的循环产业链，形成啤酒厂废水处理后供电厂作冷却水，电厂发电粉煤灰供水泥厂生产水泥的循环产业链。充分发挥示范区核心带动作用，带动旺高工业园区、西湾工业园区、信都工业园区、钟山县、昭平县、富川县工业集中区等工业区内企业间循环经济发展，使之成为贺州经济发展的重要载体和强大引擎。二是以华润（贺州）循环经济产业示范园区、贺州电子科技生态产业园区、旺高工业区、信都经济区、新材料工业园区、桂台客家文化旅游合作示范区六大园区为依托，结合贺州市丰富的林产、矿产、水资源等资源优势，指导和推动电力、林产、矿产、电子、新材料等重点行业构建循环经济产业链，形成综合涵盖矿产资源开发、林产品加工、电子制造、新能源新材料利用等领域的循环工业体系。

第二，加强循环经济园区配套基础设施建设。加大对华润循环经济示范区、旺高工业园区、电子科技园区等工业园区道路网投资，按照道路在路网中的地位、交通功能以及对沿线工厂的服务功能等，构建园区主干路、次干路和支路三级路网，使之成为园区内企业间废物输入输出的联结枢纽。另一方面，围绕建成桂粤湘区域性交通枢纽的目标，进一步优化市辖区内的省际、市际、县际和农村路网结构，加快铁路、公路

1　唐理文 . 循环经济效益凸显 [BE/OL].http://www.gxhz.gov.cn，2013-2-26.

贺州市循环经济发展研究

广西贺州华润循环经济示范区总体规划 (2011-2030)

用地布局图

至富川县

S203

莲山镇区

至湖南省

N

龟石水库

110KV架空电力线

洛湛铁路

铁路专线

200 1000m
0 500

规划用地构成表

序号	用地性质		用地代号	面积（公顷）	比例（%）
1	居住用地		R	156.46	14.25
	其中	二类居住用地	R2	118.48	
		商住用地	RC	37.98	
2	公共设施用地		C	22.2	2.02
	其中	行政办公用地	C1	2.33	
		商业金融用地	C2	17.68	
		医疗卫生用地	C5	2.19	
3	工业用地		M	646.71	58.92
	其中	二类工业用地	M2	478.32	
		三类工业用地	M3	168.39	
4	仓储用地		W	19.31	1.76
	其中	普通仓库用地	W1	19.31	
5	对外交通用地		T	8.63	0.79
	其中	铁路用地	T1	8.63	
6	道路广场用地		S	131.31	11.96
	其中	道路用地	S1	128.67	
		广场用地	S2	2.64	
7	市政公用设施用地		U	17.37	1.58
	其中	供应设施用地	U1	5.27	
		交通设施用地	U2	2.08	
		邮电设施用地	U3	0.87	
		环境卫生设施用地	U4	8.41	
		其它市政公用设施用地	U9	0.74	
8	绿地		G	95.65	8.71
	其中	公共绿地	G1	19.31	
		生产防护绿地	G2	76.34	
9	合计			城市建设用地	1097.64	100.00
10	水域和其它用地		E	18.06	
11	总计			1115.7	

水源保护1000米范围线

狮子山灰场

110KV架空电力线

罗山水库

220KV架空电力线

500KV高压电力线

井山车站

铁路用地

图例

二类居住用地		小学用地	
行政办公用地		中学用地	
医疗卫生用地		商业金融用地	
商住用地		二类工业用地	
普通仓库用地		三类工业用地	
广场用地		道路用地	
社会停车场库用地		铁路用地	
水厂		变电站	
邮电设施用地		加油站	
污水处理厂		环卫站	
燃气站		消防站	
消防站		公交设施用地	
公共绿地		生态绿地	
生产防护绿地		规划范围	
水域		乡镇界线	
高压电力线			

至梧州
至贺州市区
S203

广西贺州华润循环经济产业示范区管理委员会　　广西华蓝设计（集团）有限公司

华润循环经济产业园区总体规划

桂台（贺州）客家文化旅游合作示范区效果图

客货运站场和水运码头建设，加快建设大型综合物流园区，把贺州打造成"东靠西连、南北贯通"的绿色大通道，全面融入北部湾 3 小时经济圈、珠三角 2 小时经济圈，为发展循环经济提供交通支撑。

第三，推动园区企业实现清洁生产。一是成立园区内清洁生产管理机构，负责园区内清洁生产推动与管理工作，督促企业从事清洁生产并提供相关服务。二是指导和跟踪企业清洁生产。为拟开展清洁生产的企业提供相关信息，包括国家有关清洁生产的法律法规，并对企业清洁生产提供技术服务和指导。三是评选清洁生产示范企业。定期组织园区内清洁生产示范企业评选活动，对于在节能、降耗、减排、增效等方面成果显著的企业除了颁发清洁生产示范企业证书外，还给予专项财政补贴，以鼓励园区内企业从事清洁生产经营。

（三）贺州发展资源循环型社会构筑社会大循环

资源循环型社会是社会层面上的大循环，也是区域层次发展循环经济的最高层次。它通过建立与发展循环经济相适应的"循环经济社会"，在工业、农业、服务业，城市、农村，生产与消费领域都达到了循环，从而使整个社会经济领域形成一个大的循环体系。贺州循环型社会模式的设计应在生产、流通、消费诸环节中，通过合理生产、高效利用、提倡节约、杜绝浪费等手段，以尽可能少的资源消耗，满足人民不断提高的物质文化需求，转变不可持续的生产模式和消费模式，树立资源节约型价值观和消费观，建立资源节约型的生产模式、消费模式和社会生活模式。

1. 资源循环型社会的绿色生产模式

绿色生产模式要求在生产技术和生产工艺上不断降低物质消耗，推广有利于节约资源和绿色利用资源的生产流程，强调减少乃至消除污染物排放，切实保护生态环境，在生产过程中以最小的成本获得最大的经济效益、社会效益和生态效益。

（1）开展绿色设计。产品的绿色设计是利用生态学的思想，在产品开发阶段即综合考虑与产品相关的生态环境问题，设计出对环境友好，又能满足人的需求的一种新的产品设计方法。绿色设计注重对产品和工艺的整个生命周期的考察，要求在产品生命周期的各个阶段都要考虑其可能给环境带来的影响。绿色设计的基本思想在于从产品的孕育阶段即开始遵循污染预防的原则，把改善产品对环境影响的努力凝聚在产品设计之中，通过设计上的改进使产品可以再循环、再利用或易于安全处置，对环境的不利影响降至最低。

（2）开发绿色产品。绿色产品是指那些从生产到使用、再到回收处置的整个过程中，都符合环境保护要求，对生态环境无害或极少危害，并有利于资源再生、回收的产品。随着人们环保意识的不断增强和可持续发展思想不断深化，绿色产品成为一种既保护环境，又有利于人体健康的绿色选择。开发绿色产品、不断满足人们日渐高涨的绿色需求成为生产企业不可回避的问题。

政府应组织力量制定绿色产品生产的标准及质量检验方法，加强绿色产品检测技术的开发研究和推广应用。对绿色产品特别是有环境保护

富川脐橙

钟山贡柑外运

标志产品的生产、流通及出口给予奖励和优惠，同时，通过广泛宣传，向公众普及绿色产品方面的知识，鼓励公众购买绿色产品，让使用绿色产品成为公众保护环境、提高生活质量的自觉行动。

（3）推广绿色包装。在世界绿色浪潮的影响和冲击下，"绿色包装"作为有效解决包装与环境、材料与环境的新理念，越来越受到世人的关注。绿色包装是指在产品生产、使用、回收等整个生命周期中均应符合生态环境保护的要求，对人体健康和生态环境无害，而且废弃后能循环复用、再生利用或降解腐化，可促进持续发展的包装。积极推广绿色包装，要从用材方面入手，考虑包装材料废弃后能够循环复用、再生利用或降解腐化，优先使用可降解塑料、纸制品、玻璃、竹类包装等包装材料。

（4）推行绿色认证。绿色标志是一种达到了一定的环境标准，符合一定环境质量要求的商品的标志，其意义在于表明产品的生产、使用及处置过程全部符合环保要求。应积极推行绿

八步红瓜子

昭平县有机长寿食品

色认证，引导消费者挑选对环境危害较小的产品，有利于提高公众的环境意识。也可以促进企业生产对人体和环境无公害的产品，有助于企业开拓市场、树立形象。政府要引导和扶持企业申请绿色标志，以提高产品竞争力。

2. 资源循环型社会的绿色消费模式

循环型社会倡导绿色消费模式，引导人们以适度消费代替过度消费，以节约代替挥霍，采取健康的消费行为，反对奢侈消费、超前消费和过度消费，是一种符合可持续发展原则的最优化的消费方式。

（1）绿色消费的特点。绿色消费是一种以"自然、和谐、健康"为宗旨的有益于人类健康和社会环境的消费模式。

第一，绿色消费是满足人的全面发展的消费。绿色消费围绕人的生存和发展的需求，提供充足的物质文化产品和生态环境服务，把满足人的需求和促进人的全面发展作为绿色消费观的出发点和落脚点。以人的全面发展为目标合理消费，节约消费中的物质资料部分，扩大其中的精神与文化资料部分，减少物质资料中不可再生资源的比重。

第二，绿色消费是一种节约型消费。绿色消费提倡有节制的适度消费。适度消费是一种节约型消费，是在不降低消费水平的条件下，以获得基本需求的满足为标准，避免造成多余的、奢侈的和豪华的过度消费。适度消费主张在可利用自然资源承载能力的基础上满足人类日益增长的消费需求，在保证不损害后代人基本利益的前提下进行当代人的消费，以尊重其他地区和个人同等权力为条件满足本地区和本人的消费需求。

第三，绿色消费是有利于环境保护的消费。绿色消费发展为"资源－产品－再生资源"的环状反馈式循环经济，通过建立完善的消费废弃物分类回收利用系统，实现了有限资源的再生循环。绿色消费注重物质消费与精神消费追求统一协调，以提高人类生活质量为内容，在消费过程中注重对垃圾的处置，以减少自然资源使用和不污染环境为条件，实现人与自然的和谐发展。

（2）绿色消费的实施途径。积极培育绿色消费方式，不但能直接减少资源与环境的压力，而且通过消费对生产的强大推动力，能促使绿色生产沿着可持续的方向发展。

国家级森林公园贺州大桂山风景区

富川瑶族自治
县秀水村

贺州玉石林

第一，倡导绿色消费观。通过广泛地环保宣传、示范以及引导等手段，遏制奢侈性、炫耀性消费的潮流，抛弃消费至上的价值观念，倡导可持续的、适度的消费观念，减少和弱化过度消费需求；提高公众的环境意识和绿色消费意识，追求人与自然和谐发展，自觉选择有利于环境的绿色消费方式，把消费看成是自我发展的条件而不是生活的目的。

第二，提倡绿色选购。积极鼓励绿色消费，实行替代消费，尽可能消费对环境无害的绿色产品、绿色能源，尽量不使用塑料袋等一次性产品，拒绝使（食）用珍稀野生动植物及其制成品。提倡绿色选购，购买食品首选不含激素、人工色素、保鲜剂和防腐剂等对人体和环境有害成分的绿色食品，选择有绿色标志的产品，选择包装少、可循环利用的、耐用的、高质量的产品等。

第三，推行政府绿色采购。在引导绿色消费方面，各级政府要发挥表率作用，积极推行政府绿色采购，优先选择经过清洁生产和绿色认证的产品，发挥对绿色消费的指导作用。

第四，调整消费结构。政府可以通过制定相关法规、环境标准等措施，引导公众调整消费结构，改变不合理的消费方式，提倡消费绿色产品。建立生态标志和产品政策，使企业环境标准融入产品政策中，推动整个生产方式和消费方式的"生态化"，实现生产、消费与环境的高度协调和统一。

3. 资源循环型社会的绿色生活模式

绿色生活模式是指从居民自身做起，带动家庭，推动社会，改变以往不恰当的生活方式，重新创造一种有利于节约资源、保护环境、与自然和谐的生活方式和行动。绿色生活方式不仅是选择对环境有利的行为方式，它还包括良好的行为习惯、健康的价值观、积极的生活态度以及正确的处事原则。

八步区黄洞乡风光

八步区黄洞月湾景区

八步区黄洞月湾景区民俗表演

第一，提升生活品位，节约使用资源。树立节约资源、减少浪费的新型道德观念，倡导适度、简朴的生活方式。引导人们以理性心态、道德的方式对待自然资源，杜绝浪费和奢侈，制止以对资源的占有来炫耀财富的虚荣心理的膨胀，反对破坏资源的不道德行为，建立一种资源消耗最小、环境污染最小的生活方式。寻求既节约资源又提高生活质量的生活方式，实现人类与自然和谐共存。

第二，适度消费肉类，拒食野生动物。随着人们生活水平的提高，对肉类的消费越来越多，而超出正常需要的肉类不仅造成身体和心理的负担，还意味着要养更多的家畜（禽）、消耗更多的资源，成为诱发过度放牧、造成草地退化的重要原因。另一方面，从保护动物角度考虑，人们应该拒食野生动物，自觉维护野生动物的生存环境。

第三，垃圾分类回收，旧物捐给贫困者。养成不随意扔垃圾、将垃圾分装的习惯，降低垃圾回收成本，提高资源回收的价值。同时，还应将一些闲置不用或已经过时淘汰的电器、衣物等旧物捐给生活水平低的贫困人群，这样既可以改善贫困者的生活质量，又减少了垃圾数量，使有限的资源得到最大限度的利用。

第四，选择节能、低耗、环保的交通工具。绿色交通是指采用低污染、适合都市环境的交通工具，来完成社会经济活动的一种交通方式。为减少空气污染，节约能源，尽量选择绿色交通工具。一般绿色交通工具包括自行车、公众交通等，这类交通工具具有节能、低耗、环保的特点。

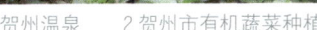

1 贺州温泉　　2 贺州市有机蔬菜种植　　3 南乡麻鸭

第七章

贺州市发展循环经济的
技术支撑体系和制度保障

HEZHOUSHIFAZHANXUNHUANJINGJIDE
JISHUZHICHENGTIXIHEZHIDUBAOZHANG

农业的根本出路在于

一、贺州市发展循环经济的技术支撑体系

循环经济的技术支撑体系是构筑循环经济的物质基础，在技术上取得突破，将有效地加快循环经济的发展。从内容看，循环经济技术应包括以下方面：从产业构成角度看，包括农业循环经济技术、工业循环经济技术、第三产业循环经济技术；从资源的可持续利用角度看，包括水资源利用技术、土地资源节约利用技术、能源综合利用技术、废弃物回收利用技术等；从技术适用性角度看，包括行业通用技术和专用技术。结合贺州循环经济发展的实际，主要从资源的可持续利用角度进行分类论述。

（一）水资源利用技术

循环经济下的水资源利用就是寻求水资源节约利用和可持续利用，实现水资源循环与经济循环的统一，促进经济与水资源的协调发展。

1. 工业节水技术

从工业节水技术看，根据国家发展改革委、科技部会同水利部、建设部和农业部组织制订，2005 年实施的《中国节水技术政策大纲》，工业节水技术主要包括工业用水重复利用技术、冷却节水技术、热力和工艺系统节水技术、洗涤节水技术、工业给水和废水处理节水技术、非常规水资源利用技术等方面。

结合贺州市工业发展实际，根据市统计局数据，2012 年，贺州市工业总产业值 411.3 亿元，同比增长 16.1%，其中产值排名前五的行业分别是黑色金属冶炼及压延加工业，产值为 737058 万元；电力、热力的生产和供应业，产值为 479476 万元；非金属矿物制品业，产值为 313889 万元；有色金属冶炼及压延加工业，产值为 271114 万元；木材加工及木、竹、藤、棕、草制品业，产值为 152256 万元。因此，从工

昭平县机械采茶

业节水年看，应重点考虑从以上 5 个行业开发和利用节水技术。比如：
可推广火力发电、钢铁工业干式除灰与干式输灰（渣）、高浓度灰渣输
送、冲灰水回收利用等节水技术和设备以及冶炼厂干法收尘净化技术。

2. 农业节水技术

根据《中国节水技术政策大纲》，农业节水技术主要包括农业用水
优化配置技术、高效输配水技术、田间灌水技术、生物节水与农艺节水
技术、降水和回归水利用技术、养殖业节水技术等方面。

发展节水高效农业是现代农业发展的主流方向，以提高农田灌溉水
的利用效率和效益为目的，变传统的粗放农业生产模式为现代化精细农
业生产模式为目标，全面提升节水农业的整体水平，是缓解农业水资源
短缺的有效技术途径[1]。据统计，农业用水量约 90% 用于种植业的灌溉，

富川县脐橙种植园采用自动喷灌技术

贺州三华李

1 李铭俊 . 循环经济与技术创新 [M]. 上海：复旦大学出版社，2009:181.

在农业用水输配水过程中，选用高效输配水技术、提高输水效率是农业节水的主要内容。对于贺州农业发展而言，主要是加强水利基础设施建设，加快病险水库除险加固进程，推行小型农田水利工程建设，加强田间渠道连片建设和田间工程配套建设，积极兴修小型蓄水、引水、提水工程，大力推广渠道防渗、管道输水、喷灌滴灌等节水灌溉技术，提高水资源利用效率，推动农业循环经济的快速发展[1]。

（二）能源节约利用技术

能源节约利用是为了达到同样功能的产品或达到同样效能的工艺应优先选择低能耗者，可以减少废渣、废水和废气的排放，达到节能和环保的双重目的。

根据《中国节能技术政策大纲（2006）》，工业重点生产工艺节能技术主要包括电力生产节能技术、钢铁生产节能技术、有色金属生产节能技术、建筑材料生产节能技术、化工生产节能技术等方面。从贺州工业发展实际看，应重点加大电力生产、钢铁生产、有色金属生产、非金属矿物制品生产等支柱工业企业的能源节约技术的研发与应用力度。比如：电力生产企业要加大电力设备的技术改造力度，推广应用用电信息化管理系统，提高用电效率；火力发电可采用热电联供技术，将发电机、热交换器紧密结合在一起，使整个系统在发电的同时又能向外界供热，使回收后的热水可以循环使用，增加电力供应综合效益，提高能源的利用效率，减少环境污染。

（三）土地资源集约利用技术

土地是不可再生资源，合理有效利用土地资源，提高土地节约集约利用程度，是提高资源利用率，发展循环经济的重要方面。随着经济社会的深入发展，贺州市土地供需矛盾突出，并存在土地低效率应用及闲

1　廖鹏程.贺州：加强水利建设给力农业发展 [BE/OL].http://www.gxny.gov.cn,
2013-04-16.

农民驾驶收割机收割稻谷

富川县通过土地流转发展无公害蔬菜种植

置现象。为进一步集约用地，提高土地集约利用与保护水平，可以从以下方面努力。

　　第一，强化规划导向，合理安排产业布局，将小而散的企业归并整合，使集聚效应达到最优。调整产业结构，重点发展土地利用少、产出效率高、投资强度大、技术水平比较高的产业。优化用地指标的地区分解，使用地指标与地区的功能、经济发展水平、土地集约利用水平挂钩。第二，强化新增建设用地总量控制、前置控制和事后监督。通过招投标、拍卖等竞价方式，将有限的增量土地由最有能力使用和最能集约使用的主体开发建设；制定相应的总量控制指标，引导投资主体集约用地；对项目建设的进度和竣工验收增强监督管理。第三，通过增加单位用地的要素投入，提高单位用地的建设强度，提高已利用土地的使用质量，实现"零土地增值""零土地招商"，提高土地的集约利用水平[1]。

（四）废弃物利用技术

1. 农业废弃物的资源利用技术

农业废弃物是指农业生产、农产品加工过程中，畜禽养殖业、农村居民生活中排放的废弃物，从内容上看，主要包括植物纤维性废弃物和畜禽粪便。实现农业废弃物的充分有效利用，可以带来经济和社会的双重效益。

对植物纤维性废弃物，可以运用饲料化利用技术，通过适当的处理，生产成饲料。主要有青贮法、氨化法、热喷法等处理技术。青贮法主要是利用自然的乳酸在厌氧条件下对青绿秸秆进行发酵处理；氨化法主要是用液氨或尿素、碳氨的水溶液对切碎的秸秆等废物进行氨化处理，改善原料适用性和营养价值；热喷法是指农业废弃物经蒸汽处理后，进行增压、突然减压、热喷处理[2]。

畜禽粪便如未处理将会严重的污染环境，如合理利用不仅可以改善环境，还可有效的利用资源，为农业生产提供有机肥料。畜禽粪便经过高温、微生物、菌剂发酵处理等方法，可转化成优质有机肥料，作为蔬菜、瓜果等农作物的有机肥料。

1　刘亭. 循环经济知识读本 [M]，杭州：浙江人民出版社，2006:139.

2　李铭俊. 循环经济与技术创新 [M]. 上海：复旦大学出版社，2009:201-203.

2. 工业废弃物处置技术

工业废弃物是指工业生产活动过程中排放出来的各种废渣、粉尘等废弃物。工业废弃物未经处理排放会对土地、水体、大气造成严重的污染。通过回收利用、污染治理、清洁生产等技术，对工业废弃物进行处置，以减少和消除固体废弃物对环境的污染。比如：通过火法回收、湿法回收、机械分离及生物回收等方法，对废弃电器电子产品进行拆解元器件的回收重用和物料的回收利用，实现循环再生；通过在企业中推行清洁生产，把工业废弃物尽可能消灭在生产过程中。

二、贺州市发展循环经济的制度保障

（一）贺州发展循环经济的规划支持

1. 国家关于循环经济发展的规划

改革开放以来，中国经济实现了 30 多年的高速增长，保持了年均约 10% 的增长速度，创造了举世瞩目的"中国奇迹"，经济总量也跃居世界第二，被很多学者誉为"中国模式"。尽管取得了巨大的成就，但"中国模式"也面临着负面效应和挑战，其中对环境的破坏效应是最为重要的一个方面。面对严峻的环境形势和资源瓶颈，党和国家高度重视发展循环经济，走可持续发展的道路。

从中国共产党历届党代会报告看，党的"十六大"报告中"走出一条科技含量高、经济效益好、资源消耗低、环境污染少、人力资源优势得到充分发挥的新型工业化路子"；"必须把可持续发展放在十分突出的地位，坚持计划生育、保护环境和保护资源的基本国策"；"树立全民环保意识，搞好生态保护和建设"等论述是发展循环经济的重要思想。党的"十七大"报告中关于深入贯彻落实科学发展观的精辟论述："科学发展观，第一要义是发展，核心是以人为本，基本要求是全面协调可持续，根本方法是统筹兼顾"；提出"建设生态文明，基本形成节约能

广贺高速公路

源资源和保护生态环境的产业结构、增长方式、消费模式。循环经济形成较大规模，可再生能源比重显著上升。主要污染物排放得到有效控制，生态环境质量明显改善。生态文明观念在全社会牢固树立。"对发展循环经济进行了更加详细的论述。党的"十八大"报告中提出："大力推进生态文明建设，把生态文明建设放在突出地位，融入经济建设、政治建设、文化建设、社会建设各方面和全过程，努力建设美丽中国，实现中华民族永续发展。"把生态文明建设与经济建设、政治建设、文化建设、社会建设并列，构成"五位一体"的总体布局，意味着把发展循环经济提高到了新的战略高度。

从国家近期的五年规划看，中国"十一五"规划提出："落实节约资源和保护环境基本国策，建设低投入、高产出，低消耗、少排放，能循环、可持续的国民经济体系和资源节约型、环境友好型社会。坚持开发节约并重、节约优先，按照减量化、再利用、资源化的原则，在资源开采、生产消耗、废物产生、消费等环节，逐步建立全社会的资源循环利用体系。"中国"十二五"规划提出：坚持把建设资源节约型、环境友好型社会作为加快转变经济发展方式的重要着力点。深入贯彻节约资

平桂管理区黄田火车站风光

源和保护环境基本国策，节约能源，降低温室气体排放强度，发展循环经济，推广低碳技术，积极应对气候变化，促进经济社会发展与人口资源环境相协调，走可持续发展之路。

从国家的循环经济专项规划

平桂管理区沙田镇道东村小凉河风光

看，2005 年 7 月 2 日，国家出台《国务院关于加快发展循环经济的若干意见》文件，提出了发展循环经济的指导思想、基本原则、主要目标、重点工作、重点环节等内容，对各地推进循环经济发展提供了指导。2012 年 12 月 12 日，国务院通过《"十二五"循环经济发展规划》明确了发展循环经济的主要目标、重点任务和保障措施；将围绕循环工业、循环农业和循环服务业三大领域，以一系列循环经济示范工程为抓手，构建循环经济的产业体系，全面推进循环经济发展。2013 年 1 月 23 日，国务院印发《循环经济发展战略及近期行动计划》，在构建循环型工业体系、循环型农业体系、循环型服务业体系、推进社会层面循环经济发

贺州市高档商住小区

展、实施循环经济"十百千"示范行动、发展循环经济的保障措施等方面，对发展循环经济作出战略规划，对今后一个时期的发展循环经济工作进行具体部署。

2. 广西关于循环经济发展的规划

近年来，广西高度重视发展循环经济，采取了一系列措施加快发展循环经济，在加快产业结构调整、转变经济发展方式方面取得了不错的成绩。从广西对发展循环经济的规划看，在近期五年规划方面，均提出了发展循环经济的战略。

广西"十一五"规划提出"建设生态广西，必须坚持可持续发展战略，大力发展循环经济""发展循环经济，要按照减量化、再利用、资源化的原则，在资源开采、生产消耗、废物产生和消费等环节，逐步建立全社会资源循环利用体系""推进制糖、冶金、有色金属、建材、电力、造纸、化工等行业加快发展循环经济，形成一批循环经济企业"等内容。

广西"十二五"规划提出："大力发展循环经济，以提高资源产出效率为目标，加强规划指导、财税金融等政策支持，推进生产、流通、消费各环节循环经济发展，加快构建覆盖全社会的资源循环利用体系。重点在制糖、铝业、钢铁、锰业、石化、电力、建材、林浆纸、林产加工、化工等行业构建循环利用产业体系，鼓励企业建立循环经济联合体，推动产业循环式组合，建成糖业循环经济示范省区。大力推广生态循环农业模式，发展生态循环型农业。倡导文明、节约、绿色、低碳消费理念，逐步形成绿色生活方式和消费模式"等内容。其中，贺州（华润）循环经济产业园区是广西重点建设的循环经济示范基地之一。

除了在国民经济与社会发展五年规划中详细提出如何推进循环经济发展外，广西还制定了循环经济发展专项五年规划。《广西循环经济发展"十二五"规划（2011—2015）》提出了发展循环经济的宏伟目标："到2015年，形成较为完善的促进循环经济发展的法律法规体系和推进机制，循环经济重点项目得到全面实施并取得良好的经济、社会、环境效益，产业结构优化，循环经济产业链有机组合并形成规模，建立起循环型农业、工业、服务业产业体系，再生资源回收体系得到完善，静脉产业形成较大规模，生态环境得到明显改善，资源产出率等指标在2010年基础上实现重大进展，成为发展循环经济的先进省区。到2020年，建立

黄姚古镇全景

黄姚古镇农趣园

起完善的循环型经济的产业体系、发展模式和循环型社会的管理体系、政策法规体系，循环经济观念深入人心，经济发展方式得到根本转变，资源利用效率大幅度提高，生态环境得到明显改善，经济社会发展的可持续性显著增强，基本建成资源节约型和环境友好型社会。"

3. 贺州市关于循环经济发展的规划

贺州市建市以来，积极探索后发展、欠发达地区科学发展、赶超跨越的新路子，高度重视发展循环经济，走出了一条以循环经济带动经济社会发展不断迈上新台阶的路子。

关于循环经济发展的规划的方面，从五年规划看，《贺州市"十一五"规划》提出："节约利用资源，发展循环经济。加强重点行业和企业的节能降耗，严格限制高耗能、高耗材和高耗水行业发展。大力推行企业清洁生产，推进工业废物综合利用。"《贺州市"十二五"规划》提出："必须把发展循环经济作为实现科学发展跨越发展的主要途径。更加注重发展质量和效益，以循环的理念谋划、经营产业，不断调整优化产业结构，建立并逐步完善企业"小循环"、园区"中循环"、区域"大循环"循环产业体系，推动经济发展方式转变和发展理念的提升。"

从贺州市发展循环经济的专项规划来看，2010 年 8 月，贺州市委制定了《关于大力发展循环经济推动贺州科学发展跨越发展的决定》，提出："坚持越是后发展、欠发达，越是要科学发展的信念，谋求科学发展，提出加快推进企业循环、产业循环、区域循环，打造生态、环保、绿色的循环经济品牌，坚持经济发展与环境保护良性互动，坚持经济建设与生态文明建设同步推进，走出具有贺州特色的科学发展之路，推动贺州在青山绿水中实现后发崛起。"2010年，贺州市政府制定出台了《贺州生态市建设规划（2010—2020）》提出了建设生态市的总体目标、建设步骤和分阶段目标，并规划了生态市建设的功能分区、重点领域和主要任务等内容。2012年12月，贺州市委制定了《关于大力推进生态文明建设努力建设美丽贺州的决定》，提出"大力发展循环经济，着力构建结构优化、循环高效的生态经济体系。要坚持减量化、再利用、资源化原则，延伸完善产业链条，推进经济结构调整和产业升级，加快经济发展方式向集约型、环保型并重的循环经济发展方式转变，努力形成企业循环式发展、产业循环式组合、资源循环式利用、区域循环式开发的

1 钟山县十里荷塘风光　　2 富川县秀水状元村一角　　3 富川县铁耕村一角

局面。加快建设循环经济生态工业园区，突出抓好贺州华润循环经济示范区建设，按照"大企业主导、大项目支撑、集群化发展、标准化建设"的思路，引导企业走相互配套、专业协作的路子，努力实现园区和项目集聚区内资源的高效利用、物料的闭路循环。"

（二）贺州发展循环经济的法律保障

循环经济的发展过程是对传统型经济不断变革的过程，需要与其适应并能促进其发展的法律保障。西方发达国家为促进循环经济发展，普遍建立和完善了相应的循环经济法规，通过法规加强对循环经济活动的规范和指导。目前中国已经初步建立了资源与环境法律体系，一定程度上体现了循环经济的内容，特别是 2009 年出台了《中华人民共和国循环经济促进法》，为循环经济发展提供了专项法律依据。

1. 国家关于循环经济的法律法规

在中国，环境保护的活动也有较长的历史，早在 20 世纪 70 年代，即 1973 年第一次全国环境保护会议上，国家计划委员会拟定的《关于保护和改善环境的若干规定》中就提出了"预防为主，防治结合"的防止工业污染方针。20 世纪 80 年代，又明确提出通过技术改造把"三废"的生产量降到最低，并认为技术改造是消除"三废"的根本途径。1983年国务院颁布的《关于结合技术改造防治工业污染的决定》，更是明确

钟山县花山水库

要求把"三废"的治理、综合利用与技术结合起来，对工艺的改进、能源利用的最大化、污染物的最小化等具体指标上作了较为详细的规定，以达到环境保护的要求。多年来，中国已经通过了多部法律，形成了由效力等级不同的规范性法律文件构成环境立法体系。

在专项法层面上，中国目前的环境立法 30 多部，主要包括：《中华人民共和国固体废物污染环境防治法》（1995 年），《中华人民共和国节约能源法》（1998 年），《中华人民共和国水污染防治法实施细则》（2000 年），《中华人民共和国大气污染防治法》（2000 年），《中华人民共和国清洁生产促进法》（2002 年），《中华人民共和国放射性污染防治法》（2003 年），《中华人民共和国防沙治沙法》（2003 年），《中华人民共和国固体废物污染环境防治法》（2004 年），《中华人民共和国水污染防治法》（2008 年），《中华人民共和国循环经济促进法》（2009 年）等 [1]。

在行政法规方面，从 1983 年开始，中国出台关于环境保护方面的法规有 40 多项，比如：中华人民共和国海洋倾废管理条例（1985 年），建设项目环境保护管理程序（1990 年），中华人民共和国野生植物保护条例（1996 年），中华人民共和国水污染防治法实施细则（2000 年），排污费征收使用管理条例（2003 年），废弃电器电子产品回收处理管理条例（2009 年），规划环境影响评价条例（2009 年），消耗臭氧层物质管理条例（2010 年），危险化学品安全管理条例（2011 年），放射性废物安全管理条例（2011 年）等。

从发展循环经济立法看，2002 年的《中华人民共和国清洁生产促进法》奠定了发展循环经济的基础，提出"企业在进行技术改造过程中应采用资源利用率高、污染物产生量少的工艺和设备，替代资源利用率低、污染物产生量多的工艺和设备"，并且采取经济手段鼓励"对利用废物

---

1 董慧凝 . 略论日本循环经济立法对我国环境立法的启示 [J]. 现代法学，2006:182.

昭平县思勤江风光

生产产品的和从废物中回收原料的企业"。2003年9月1日起正式施行《中华人民共和国环境影响评价法》力求从决策的源头防治环境污染和生态破坏,标志着中国环境与资源立法进入了一个崭新的阶段,提出要"预防因规划和建设项目实施后对环境造成不良影响,促进经济、社会和环境的协调发展",确立了"可持续发展"的立法目的。2004年修订的《中华人民共和国固体废物污染环境防治法》第一次明确的提出"循环经济"的概念,规定"国家对固体废物污染环境的防治,实行减少固体废物的产生、充分合理利用固体废物和无害化处置固体废物的原则",立法开始上升到"减量化、再利用、再循环"的高度,并且在辽宁和贵州已经开始推行清洁生产和循环经济,取得良好的经济和环境效益。

2009年1月1日起施行的《中华人民共和国循环经济促进法》,共分7章59条,分别为总则;基本管理制度;减量化;再利用和资源化;激励措施;法律责任;附则。《循环经济促进法》明确提出"发展循环经济应当在技术可行、经济合理和有利于节约资源、保护环境的前提下,按照减量化优先的原则实施",规定了一系列包括综合运用财政、税收、投资、市场准入、价格、信贷等手段在内的法律规范,如:循环经济的规划制度、抑制资源浪费和污染物排放的总量控制制度、循环经济的评

昭平县仙回瑶乡"七彩田园"美景

良好的生态环境引来白鹭飞舞

价和考核制度、以生产者为主的责任延伸制度及对高耗能、高耗水企业设立一项重要和重点的监管制度、强化的经济措施等。《循环经济促进法》是深入贯彻落实科学发展观、依法推进经济社会又好又快发展的现实需要，是落实党中央提出的实现循环经济较大规模发展战略目标的重要举措，为建立促进科学发展的保障和支撑体系奠定了重要基础，为促进科学发展、保持经济平稳较快增长提供了政策导引[1]。

2. 广西发展循环经济的法律法规

过去五年的时间，广西人大常委会共审议法规案 78 件，通过自治

---

1 孙佑海.推动循环经济促进科学发展——《中华人民共和国循环经济促进法》解读，新华网.http://news.xinhuanet.com，2009-03-16.

区本级法规 48 件，批准南宁市法规 19 件，批准自治县单行条例 2 件，保持和扩大"山清水秀生态美"的品牌优势，是广西立法工作的着力点，按照建设资源节约型、环境友好型社会的要求，制定了一批生态环境建设的法规 [1]。主要有《广西壮族自治区建设项目环境保护管理办法实施细则》，《广西壮族自治区工业污染源监测管理办法实施细则》，《广西壮族自治区农业环境保护条例》，《广西壮族自治区野生植物保护办法》，《环境行政执法后督察办法》，《广西壮族自治区环境保护条例》等。

对贺州而言，最主要的是进一步完善与国家、自治区发展循环经济相配套的地方性规章制度，根据自身实际，制定促进企业节能、节材、节水和资源综合利用的相关政策，确定循环经济在经济社会发展中的地位，明确政府、企业、公众在发展循环经济中的权利和义务，明确激励措施或惩罚措施，约束企业的违法行为。加大执法力度，加强对企业废物排放和处置的监督管理，降低排放强度，对不符合循环经济发展要求

八步区黄洞乡茶农在月湾茶园采茶

1　曹哲虎.广西 5 年通过区级法规 48 件重点落在环境保护 [BE/OL].http://news.cntv.cn，2013-01-25.

的浪费资源、滥排滥放、破坏生态、污染环境等行为严格按相关法律法规执法，使企业真正做到合法经营、规范生产。

（三）贺州发展循环经济的政策保障

从德国、日本、美国发展循环经济的政策体系来看，主要有预算政策、税收政策、融资政策等。在借鉴国外发展循环经济政策的基础上，结合贺州的实际情况，要充分利用采购、税收、融资、产业政策引导企业的行为，发挥企业的主体作用，建设良好的发展循环经济的政策体系。

1.贺州发展循环经济的政府绿色采购政策

贺州可根据地区特色制定详细的政府绿色采购实施办法，对各级政府、部门实行绿色采购的主体、责任、绿色采购标准和绿色采购清单的制定和发布进行明确规定，规定绿色产业的评价标准及违反绿色采购的惩罚措施。建立供应商、采购人员、消费者之间的信息平台，定期公布符合绿色采购的品牌清单，使采购人员及厂商及时了解绿色采购的信息。加强对各部门采购人员有关循环经济的知识培训，增强他们对循环经济发展与循环经济产品的认识，更好地执行绿色采购职责。加大绿色采购政策的宣传、普及和执行力度，发挥政府绿色消费的示范效应和表率作用。建立监督体系，加大绿色采购的监督，加强对绿色采购政策执行情况的监督检查，促进绿色采购走向规范化、法制化。

2.贺州发展循环经济的税收政策

对于贺州来说，除严格贯彻执行国家有关税收方面的优惠政策外，主要针对地方产业结构的优化调整制定具体税收优惠政策。在权限范围内对在区域内推行清洁生产的企业以及生产工艺先进、污染少的企业投资者；对节能、节电、节水等资源能源消耗低、污染小以及可以回收再利用的环保型产品，使用环保材料的行业，对资源节约型企业，对生产环保产品的行业给予减免税政策倾斜；对废弃物品回收企业、再生资源

钟山县双季莲藕

贺州马蹄丰收

加工企业、购买再生资源加工产品的企业和个人实行税收优惠，以促进社会资源回收网络的尽快形成与有效发展。

3. 贺州发展循环经济的投融资政策

设立循环经济投资专项基金，加大对循环经济投资的支持力度，对发展循环经济的重大项目和示范项目，要采用直接投资或资金补助、贷款贴息等方式，充分发挥政府投资对社会投资的引导作用和杠杆作用。立足现有产业基础和比较优势，完善促进循环经济发展的产业政策，制订并细化有利于循环经济发展的产业政策体系，引导社会资金投向资源循环利用产业，加大对循环经济项目的投入，有选择地对部分企业进行技术改造的资助，鼓励企业开展循环经济的技术创新。

（四）贺州发展循环经济的组织机构

发展循环经济，规划和政策很重要，机构和机制更根本。只有政府高层指导、企业积极落实、各部门分工协作、全社会广泛参与，才能把这项工作落到实处。当前，需要建立职权明确的组织管理机构，组织管理机构可由决策机构、协调机构、执行机构、咨询机构等组成，各机构各司其责，相互协调，引导企业、公众，共同推进循环经济的发展。

决策机构应由政府的主要领导亲自挂帅，负责循环经济工作的组织、领导和决策；政府各位副职分别负责做好分管部门的循环经济工作。协调机构即城市发展循环经济工作办公室，其职责是认真贯彻执行政府有关循环经济工作的决策、决定；指导执行机构的循环经济工作，进行深入调查研究和分析，向决策机构提出循环经济持续改进报告、建议等。执行机构由政府各相关职能部门组成，按照本部门的职能，承担本部门的循环经济工作责任。咨询机构由各行业的专家组成，主要是研究和掌握国内外循环经济发展动态，及时了解循环经济发展实践中存在的问题，并为政府发展循环经济提供决策参考[1]。

（五）贺州发展循环经济的公众宣传教育机制

公众参与是发展循环经济的基础，是发展循环经济的不竭动力，要向社会公众宣传循环经济的基本理念、实现途径、社会效益、经济效益和生态效益。通过循环经济公众宣传教育机制的完善，提高公务员、企

1　梁日忠.城市发展循环经济的政府组织管理模式研究[R].中国可持续发展研究会2006学术年会，2006:55-56.

富川黄花梨

事业管理者和社会公众对发展循环经济重要性的认识，积极、主动参与循环经济建设。

通过举办专题讲座、研讨会、经验交流会、成果展示会和印发宣传品等，运用广播电视、报刊杂志、互联网等手段进行广泛宣传，普及循环经济知识，宣传典型案例，开展形式多样的宣传培训活动，使公众了解循环经济的原理和理念，要把老百姓发动起来，引导居民正确购物、适当消费，使公众自觉树立环境保护意识和绿色消费意识，提高全社会对发展循环经济重大意义的认识，使节约资源、保护环境变成全体公民的自觉行为，逐步形成节约资源和保护环境的生活方式和消费模式。

（六）贺州发展循环经济的考核监督机制

推动循环经济发展，要建立一套包含经济增长、资源消耗、环境质量和人民福利的综合评价指标体系，建立以日常监测测量、定期内部审核、管理评审为框架的监督考核制度，加强对经济活动中循环经济指标的动态监测、综合分析和科学管理，以此约束和引导经济活动中的各项行为，促进循环经济的发展。

贺州市发展循环经济的技术支撑体系和制度保障

　　加强社会监督，设立投诉中心和举报电话，鼓励广大群众检举揭发各种违反生态环境保护法律法规的行为。充分发挥广播、电视和报刊等新闻媒体的舆论监督作用，及时报道和表彰循环经济发展的先进典型，公开揭露和批评污染环境、破坏生态的违法行为和浪费资源的不良行为，对严重污染环境、破坏生态的单位和个人要严肃查处[1]。

1　刘亭.循环经济知识读本[M].杭州：浙江人民出版社，2006:187-189.

参考文献

[1]米东生.曲靖循环经济发展研究[M].昆明: 云南大学出版社, 2008.

[2]吴季松.科学发展与中国循环经济战略[M].北京: 新华出版社, 2006.

[3]任勇, 周国梅.中国循环经济发展模式与政策[M].北京: 中国环境科学出版社, 2009.

[4]黄勤.循环经济概论[M].成都: 四川人民出版社, 2010.

[5]关小虎.促进循环经济发展的税收政策研究[M].北京:中国税务出版社, 2008.

[6]韩庆华, 王晓红, 陈华.促进循环经济发展的财政政策研究[M].北京: 经济科学出版社, 2009.

[7]张艳纯.湖南循环经济发展的财政政策研究[M].长沙:湖南大学出版社, 2009.

[8]谢海燕.中国循环经济政策体系研究报告[M].北京:知识产权出版社, 2010.

[9]高辉清.效率与代际公平——循环经济学分析与政策选择[M].杭州:浙江大学出版社, 2008.

[10]宋长生.煤炭资源型城市发展循环经济的理论思考与实践[M].哈尔滨:黑龙江人民出版社, 2009.

[11]刘建军.绿色新政: 发展循环经济的思考与实践[M].南宁: 广西人民出版社, 2012.

[12]魏全平.日本的循环经济[M].上海: 上海人民出版社, 2006.

[13]贺州年鉴(2008—2009)[M].南宁: 广西人民出版社, 2012.

[14]李铭俊.循环经济与技术创新[M].上海: 复旦大学出版社, 2009.

[15]刘亭.循环经济知识读本[M].杭州: 浙江人民出版社, 2006.

[16]姜国刚.东北地区循环经济发展研究[M].北京: 中国经济出版社, 2007.

[17]刘炜.科学发展与循环经济模式构建[M].北京: 中国经济出版社, 2009.

[18]谢海燕.中国循环经济政策体系研究报告[M], 北京: 知识产权出版社,
    2010.

[19]张连国.广义循环经济学的科学范式[M].北京: 人民出版社, 2007

[20]高志刚等.新疆循环经济发展实证分析与模式构建[M].北京:石油工业
    出版社, 2009.

[21]黄海峰, 刘京辉.德国循环经济研究[M], 北京: 科学出版社, 2007.

[22]冯之浚.循环经济导论[M].北京: 人民出版社, 2004.

[23]王军.循环经济的理论与研究方法[M].北京: 经济日报出版社, 2007.

[24]付晓东.循环经济与区域经济[M].北京: 经济日报出版社, 2007.

[25][美]爱德华·格莱泽.城市的胜利[M]上海:上海社会科学院出版社,
    2012.

[26]朱伯玉.循环经济法制论[M].北京: 人民出版社, 2007.

[27]张录强.广义循环经济的生态学基础[M].北京: 人民出版社, 2007.

[28]刘毅.区域循环经济发展模式评价及其路径演进研究－以天津滨海新
    区为例[D].天津: 天津大学, 2011.

[29]张伟.产业集群与循环经济的关系研究[D].北京: 北京交通大学, 2010.

[30]刘坡.天津市循环经济发展路径探讨[D].天津: 天津工业大学, 2007.

[31]马江.中国欠发达地区发展循环经济的探析与研究[D].成都:四川大学,
    2009.

[32]薛冰.区域循环经济发展机制研究[D].兰州: 兰州大学, 2009.

[33]李杨.循环经济发展中的金融支持问题研究[D].青岛:中国海洋大学, 2006.

[34]王鲁明.区域循环经济发展模式研究[D].青岛: 中国海洋大学, 2005.

[35]王晓冬.国外循环经济发展经验一种制度经济学的分析[D].长春: 吉林大学, 2010.

[36]韦青松.基于广西贵港糖业集团股份有限公司循环经济的技术创新研究[D].南宁: 广西民族大学, 2008.

[37]徐瑾.区域循环经济发展的激励机制及ANP评价研究[D].天津: 天津大学, 2005.

[38]陈丽娜.区域循环经济的理论研究与实证分析[D].武汉:武汉大学, 2006.

[39]王晶.基于循环经济的企业运行机制、模式及评价研究[D].武汉: 华中科技大学, 2007.

[40]王乐.区域循环经济的发展模式研究[D].大连: 大连理工大学, 2011.

[41]鹿彦.循环经济发展:模式及实现路径研究——以山东省为例[D].济南: 山东师范大学, 2011.

[42]黄河东、黄文炎.产业结构与动力结构视角下的县域经济发展研究——以广西贺州县域为例[J].商业时代, 2013(4).

[43]赵一勤.贵阳入选国家级循环经济城市成功的实例研究[J].技术经济, 2006(2).

[44]钟振.循环经济引领工业新城崛起[J].当代广西, 2012(12).

[45]贺州市国土资源局.贺州市低丘缓坡综合开发利用情况调研报告[J].南方国土资源, 2012(7).

[46]古杏全.推动资源循环利用转变经济发展方式——贺州市建设信都城市矿产示范基地的探讨[J].广西经济, 2011(6).

[47]钟友明.推进江西循环经济发展的思考[J].江西能源, 2007(2).

[48]吴大华.国外循环经济实践的经验与启示[J].昆明理工大学学报·社科
(法学)版, 2007(11).

[49]关书生.发展循环经济的紧迫性与对策[J].经济论坛, 2007(9).

[50]吴晓凡.中国古代天人合一思想与循环经济[J].能源与环境, 2008(3).

[51]董慧凝.略论日本循环经济立法对我国环境立法的启示[J].现代法学,
2006(1).

[52]何蓓琦、梁雅丽.贺州市发展循环经济建设生态文明[N].中国环境报,
2012-10-22.

[53]汪同三.当前经济形势和我国的发展优势[N].人民日报, 2012-10-22.

[54]赵永新: 生态工业园区: 可持续发展的战略抉择[N].人民日报, 2001-
09-05.

[55]王肖邦.贺州华润循环经济产业示范区: "变废为宝"式循环[N].第一
财经日报, 2012-11-19.

[56]梁日忠.城市发展循环经济的政府组织管理模式研究[R].中国可持续
发展研究会2006学术年会, 2006.

[57]谢道同.国内外循环经济发展现状及规划简述[R].广西神州西部生态
环境研究院, 2007-12-14.

[58]廖鹏程.贺州:加强水利建设 给力农业发展[BE/OL].http://www.gxny.
gov.cn/2013-04-16.

[59]彭晓春:把握黄金机遇期加快崛起新贺州[BE/OL].http://travel.cntv.
cn, 2011-06-03.

[60]陈茂辉.广东:美国循环经济经验对我市的启示[BE/OL].http://www.
wangxiao.cn/, 2006-11-16.

[61]美国发展循环经济的做法及启示[BE/OL].http://www.macrochina.
com.cn, 2007-03-20.

[62]刘忠: 建设贵港国家生态工业(制糖)示范园区[BE/OL].http://www.gdei.

gov.cn, 2006-01-18.

[63]生态工业园成功案例介绍——贵港国家生态工业(制糖)示范园区[BE/OL].http://gg163.net, 2008-3-12.

[64]国务院部署发展循环经济产值规模超万亿[BE/OL].http://www.cusdn.org.cn, 2012-12-13.

[65]曹哲虎.广西5年通过区级法规48件重点落在环境保护[BE/OL].http://news.cntv.cn, 2013-01-25.

[66]覃秋零.贺州市城镇化率达39%新型城镇化之路越走越宽[BE/OL].http://www.gxnews.com.cn, 2013-01-21.

[67]满城新景入画来——贺州市城镇化建设扫描[BE/OL].http://news.hexun.com, 2013-03-27.

[68]童政、周骁骏.广西贺州构建循环经济产业发展新格局[BE/OL].www.gx.xinhuanet.com, 2012-11-16.

[69]广西贺州: 努力探索循环农业发展模式[BE/OL].http://gx.people.com.cn, 2011-12-09.

[70]贺州石材跨越发展: 整合资源拉长产业链[BE/OL].http://info.bm.hc360.com, 2011-02-25.

[71]八步区信都工业区简介——自治区A类产业园区[BR/OL.].http://www.xdgyy.gov.cn, 2012-10-9.

[72]王万程.华润(贺州)循环经济产业示范区新引擎启动[BE/OL].http://www.xjhjsd.com, 2012-08-20.

[73]国家统计局: 2011年中国国民经济继续保持平稳较快发展[BE/OL].http://news.163.com/, 2012-01-17.

[74]孙佑海.推动循环经济促进科学发展——《中华人民共和国循环经济促进法》解读[BE/OL].http://news.xinhuanet.com/, 2009-03-16.

[75]从理念到行动——日本建设循环型社会的主要做法[BE/OL].http://

finance.sina.com.cn, 2005-08-31.

[76]黄世中.贺州已成为全国主要的重钙粉体产业集群之一[BE/OL].

http://china.stonebtb.com, 2011-2-28.

后记

　　践行科学发展观，大力发展循环经济，走兼顾经济发展、资源节约、环境保护的可持续发展之路，统筹经济、社会、环境协调发展，是贺州经济发展的明智选择。在新的历史时期，实现贺州在发展循环经济的道路上跨越式发展是值得研究的重要课题。

　　我们边工作边学习，边调研边写作。我们收集了大量关于发展循环经济的文献资料，开展了一系列的实地调研和座谈研讨，相信我们的课题成果对贺州各级各部门推动贺州市循环经济的发展有参考价值。

　　本书的写作大量参考了前人的研究成果和资料，调研过程中得到了贺州相关党政机关、企事业单位的大力支持和帮助，为我们提供了很多宝贵的图片及资料。因篇幅和时间的关系，我们没能对书中所参考的著作和论文一一列出，也没能对给予支持和帮助的单位一一列出，在此一并表示感谢和歉意。

　　受自身理论素养和知识水平所限，我们深知，本书在研究方法、研究内容、研究结构、研究深度等方面都还有提高的空间。我们真诚期待各位专家、学者和广大读者指正赐教。

　　本书的出版得到了广西社会科学界联合会 2013 年应用对策课题研

究专项经费的资助，特在此表示感谢。

　　本书的出版也得到了世界图书出版广东有限公司赵泓编辑的大力支持，在此表示感谢。

贺州市社会科学界联合会

2013 年 11 月

联系电话：0774-5120791

联系邮箱：gxhzsskl@163.com